프랑스어 아틀리에

이용철 · 한선혜 · 선영아 · 송근영 공저

도서출판 만남

머리말

프랑스어는 프랑스 사람들만의 언어가 아니다. 프랑스어는 5개 대륙, 43개국 2억여 명의 인구가 사용하는 언어이며, 그만큼 국제 시장에서 쓰임이 많은 언어이다.

국내에서도 유럽 연합 및 프랑스어 사용 국가들 간의 교류가 확대되면서 프랑스어에 대한 사회적 요구 또한 급증하고 있다. 한·유럽연합 자유무역협정, 한·아프리카 경제 협력이 단기사업이 아니라 향후 수십 년을 내다보는 장기적 사업인 만큼, 프랑스어에 대한 수요 역시 지속적으로 증가할 것이라는 것이 대체적인 예측이다. 최근 프랑스어 특기자에 대한 우대와 델프(DELF) 시험에 대한 관심에서도 이러한 변화들을 확인할 수 있다.

『프랑스어 아틀리에 Atelier du français』는 비교적 짧은 시간 동안 프랑스어의 기초를 습득하고자 하는 학생들을 염두에 두고 만들어졌다. 이 책은 철자와 발음을 다룬 예비편과 10개의 상황으로 구성되어 있는데, 각 과에는 다양한 상황 속에서 손쉽게 사용할 수 있는 짧고 쉬운 대화들이 배치되어 있다. 「어휘」 부분에서는 따로 사전을 참조하지 않더라도 혼자서 학습할 수 있도록 본문에 사용된 어휘의 형태와 문법 정보, 의미가 제시되었고, 「문법」에서는 문장 내 단어들의 상호 결합 관계와 쓰임새를 익혀, 본문에 나온 문장들과 비슷한 형식의 다른 문장들을 만드는 능력을 키울 수 있도록 하였다. 「표현」 부분에서는 각 과에서 익힌 내용을 응용할 수 있도록 관련된 표현들을 정리하였고, 「연습문제」는 공부한 주요 내용을 점검할 수 있도록 구성하였다.

이 책의 가장 큰 장점을 꼽는다면 바로 발음에 대한 배려라고 할 수 있다. 외국어 공부에서 정확한 발음이 아주 중요한 덕목이라는 것은 널리 알려진 사실이지만, 책으로 외국어를 익히다 보면 아무래도 소홀해지기 쉬운 부분 또한 발음이다. 이 책에는 정확한 프랑스어 조음 방식에 대한 설명이 제시되어 있으며, 원어민의 입모양을 눈으로 직접 확인하며 따라 읽는 훈련을 할 수 있도록 관련 동영상이 첨부되어 있다.

꾸준한 학습을 통해, 그리고 여기에 주어진 모든 문장들을 소리 내어 읽는 연습을 반복함으로써 이 책의 이용자들이 프랑스어 특유의 발음과 표현방식을 익혀, 목표하는 어학 능력을 얻게 되기를 희망한다.

Table des matières

구성과 내용

Leçon	문 법	표 현
0 Alphabet et prononciation	프랑스어의 자모 철자와 발음 연음, 연독, 모음자 생략	
1 Bonjour!	주어 인칭대명사와 동사 활용 강세형 인칭대명사(1) tu와 vous의 사용 중성 지시대명사 ça 불규칙동사 aller	호칭 일상의 인사말 안부를 묻고 답하기
2 Je suis Vincent, et vous?	명사의 성과 수 정관사와 부정관사 être 동사 구문 형용사의 일치 1군 동사 être, s'appeler	자기 소개(1) 첫 만남의 인사 Enchanté(e)! 나라 이름, 국적, 국민, 언어의 표현
3 Devant la machine à café	avoir 동사 구문 전치사와 정관사의 축약 형용사의 기능과 위치 부정문 의문문의 유형 의문형용사 avoir, venir, vouloir	수사 1~10 자기 소개(2) 공손한 요구의 s'il vous plaît 제시의 표현 voilà 전치사 de의 다양한 쓰임 장소 표현의 전치사 (à, dans, sur, devant...)
4 Vincent est chez Carine	부분관사 il y a 구문 소유형용사 의문사 qui, que 부정문에서의 관사 de 1군 변칙동사 préférer boire, prendre, servir	수량 표현 진행형 표현(être en train de) avoir l'air + 형용사 faire + 부분관사 + 명사 부정형용사 quelques d'accord 거절의 표현
5 Rendez-vous	직접목적보어 감탄문(1) : <Quel + 명사!> 지시형용사 ce 부정대명사 on 강세형 인칭대명사(2) aller + 동사원형(1) : ~하러 가다 2군 동사 faire, savoir, pouvoir	날씨표현 요일 말하기(dimanche, c'est dimanche, le dimanche, à dimanche) 수사 11~20 조건의 si 이유의 표현 parce que ne ~ pas encore inviter qn à + 동사원형

6 Faire les courses	aller+동사원형(2) : 근접미래 간접목적보어 중성대명사 en(1) 대명사 tout 의문부사 combien devoir, payer	수사 21~10억 ne ~ plus 가격 묻고 답하기 물건 주문하기 devoir qc à qn
7 Mercredi, folle journée	대명동사 긍정 명령법, 부정 명령법 불규칙 형용사 근접과거 형용사 tout 1군 변칙동사 se lever attendre, manger, voir	시간 표현 날짜와 달의 표현 전화 표현 devoir + 동사원형 avoir mal à + 신체부위
8 Demander son chemin	단순미래 중성대명사 y 비인칭 구문 il faut 의문사 où connaître, dire	서수사 교통수단의 표현 길 묻기 / 길 안내하기 감사 표현 / 감사 표현에 대한 답 prier qn de + 동사원형
9 Au restaurant	복합과거(1)(avoir+과거분사) 복합과거 부정문 감탄문(2) : <Que + 문장> 부정 의문문에 대한 대답 si convenir à	사과하기 / 괜찮다고 말하기 que절 avoir + 무관사 명사
10 Messages personnels	복합과거(2)(être+과거분사) 관사의 변형 de 중성대명사 en(2) 부사 만들기 espérer, mentir	편지 형식 익히기 부정대명사 rien ne ~ pas du tout 부정대명사 + de + 형용사 시간 표현의 접속사 si 형용사 + de + 동사원형

Leçon 0
Alphabet et prononciation

프랑스어의 자모 (Les alphabets)

A	a	[ɑ]
B	b	[be]
C	c	[se]
D	d	[de]
E	e	[ə]
F	f	[ɛf]
G	g	[ʒe]
H	h	[aʃ]
I	i	[i]
J	j	[ʒi]
K	k	[kɑ]
L	l	[ɛl]
M	m	[ɛm]
N	n	[ɛn]
O	o	[o]
P	p	[pe]
Q	q	[ky]
R	r	[ɛ:ʀ]
S	s	[ɛs]
T	t	[te]
U	u	[y]
V	v	[ve]
W	w	[dubləve]
X	x	[iks]
Y	y	[igʀɛk]
Z	z	[zɛd]

철자와 발음

1. 철자부호

[´] (accent aigu)	: été, café
[`] (accent grave)	: à, là, mère, où
[ˆ] (accent circonflexe)	: île, forêt, sûr, tôt
[¨] (tréma)	: Noël
[ç] (cédille)	: ça, garçon
['] (apostrophe)	: l'ami, l'homme
[-] (trait d'union)	: grand-père

2. 모음

프랑스어 자모 중 모음은 모두 여섯 개이다(a, e, i, o, u, y). 하나하나의 모음이 각각의 소릿값을 갖지만, 둘 혹은 세 개의 모음자가 결합하여 하나의 소리를 내기도 한다. 그리고 m, n과 결합하여 비모음을 이루기도 한다. 프랑스어 모음은 입 모양, 입이 벌어지는 정도, 혀의 위치 등을 기준으로 할 때 16개의 소리로 구분된다.

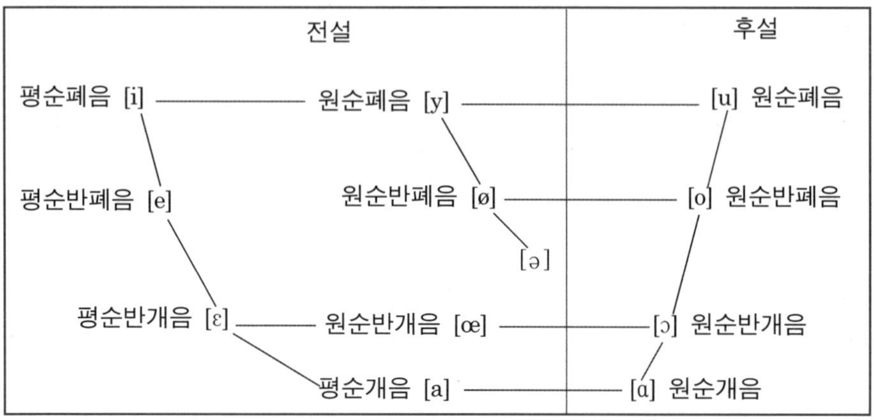

모음사각도

Leçon 0
Alphabet et prononciation

1) 모음자 A, E, I, O, U, Y 의 소릿값

철 자	발음 기호	예
A	[a] [ɑ]	papa, voilà, Napoléon pas, âme
E	[e] [ɛ] [ə]	les, café, début, parler père, tête, merci le, Renoir, atelier
I, Y	[i]	Paris, style
O	[o] [ɔ]	écho, piano Corée, comme
U	[y]	tu, début

- [a](전설모음) / [ɑ](후설모음) : [ɑ]는 [a]보다 혀를 약간 뒤로 당긴 상태에서 발음한다.
- [e](닫힌 E) / [ɛ](열린 E) : [ɛ]는 [e]보다 턱을 좀 더 아래로 내려 발음한다.
- [ə] : 입술을 둥글게 하고 소리 낸다. 한국어의 [으] 소리와 비슷하게 들리나 입술이 옆으로 벌어지지 않는다.
- [o](닫힌 O) / [ɔ](열린 O) : 둘 다 입술을 둥글게 하고 발음하되 [ɔ]는 [o]보다 턱을 좀 더 아래로 내려 발음한다.
- [y] : 입술을 둥글게 하고 [i] 소리를 낸다. 한국어의 [위]와 비슷하게 들리지만 [y]는 단모음이므로 입술 모양이 둥근 상태에서 변화하지 않도록 주의해야 한다.

2) 둘 이상의 모음자가 결합하여 만들어 내는 소리

철 자	발음 기호	예
AI, EI	**[e]** **[ɛ]**	**j'ai** **mais, lait, Eiffel, Seine**
AU, EAU	**[o]** **[ɔ]**	**aussi, café au lait, manteau** **Paul, saute**
OU	**[u]**	**toujours, tous les jours**
EU, ŒU	**[ø]** **[œ]**	**adieu, monsieur, vœu** **Pasteur, neuf, sœur**

- [u] : 입술을 둥글게 하여 앞으로 쭉 내밀고 발음한다.
- [ø] : 입술을 둥글게 하여 [e]를 발음한다.
- [œ] : 입술을 둥글게 하여 [ɛ]를 발음한다.

3) 비모음

발음할 때 공기가 입 뿐 아니라 코를 통해서도 빠져나가는 모음을 비모음이라 하며, 철자 M과 N이 몇몇 모음과 결합하여 비모음을 형성한다.

철 자	발음 기호	예
AM, AN, EN, EM	[ɑ̃]	**champagne, vacances,** **élégance, enfant, ensemble**
AIM, AIN, EIM, EIN, **IM, IN, YM, YN**	[ɛ̃]	**faim, pain, plein, impossible,** **vin, symphonie** **cf. examen, Coréen**
OM, ON	[ɔ̃]	**bonjour, bombe**
UM, UN	**[œ̃]**	**un, parfum**

- 철자 en은 [ɑ̃]으로 발음되는 것이 원칙이나 단어의 마지막 음절에 나타날 경우는 [ɛ̃]으로 발음한다.
- [œ̃] : 이 비모음은 현대 프랑스어에서는 [ɛ̃]으로 대체되었다. 즉 두 음이 구별되지 않고 똑같은 소리로 발음된다.

3. 자음

프랑스어에는 모두 17개의 자음이 있다.

철 자	발음 기호	예
B	**[b]** **[p]**	**bourgeois** **absent**
C	**[k] : c + a, o, u,** 자음 **[s] : c + e, i, y**	**vacances, comme, cuisine** **ceci**
Ç	**[s]**	**français, garçon**
CH	**[ʃ]** **[k]**	**chanson** **chrétien, écho**
D	**[d]**	**début**
F, PH	**[f]**	**sportif, photo**
G	**[g] : g + a, o, u,** 자음 [ʒ] **: g + e, i, y**	**garçon, gomme, légume** **rouge, gilet**
GU+모음	**[g]**	**baguette**
H	-	**hôtel, hôpital** (무음 **h**) **héros, haut, huit** (유음 **h**)
J	[ʒ]	**bonjour**
K	**[k]**	**kilo**
L	**[l]**	**table**
M	**[m]**	**madame**

N	[n]	Napoléon
GN	[ɲ]	champagne, cognac
P	[p]	papa
Q, QU	[k]	coq, enquête, question
R	[R]	Paris, bonjour
S	[s] [z]	sport mademoiselle
SS	[s]	renaissance, croissant
T, TH	[t] [s]	question, théâtre nation
V	[v]	visa
W	[v] [w]	wagon whisky
X	[s] [ks] [gz]	six, dix taxi, excuse examen
Z	[z]	zéro

4. 반자음(반모음)

반자음의 조음은 [i], [y], [u] 소리와 관련이 있다. [i], [y], [u] 소리가 다른 모음 소리와 연속될 때 독립적인 한 음절로 발음되지 못하고 두 모음이 거의 동시에 이어져 발음이 되며, 이를 반자음(반모음)이라 한다.

철 자	발음 기호	예
U +모음	[ɥ]	Suisse, juin
OU +모음, OI	[w]	oui, Louis, bourgeois, croissant, loin
I, Y +모음	[j]	piano, chien

* 철자 y가 a, e, o 뒤에 나오는 경우 :

철 자	발음 기호	예
AY, EY	[ɛj]	**crayon, asseyez-vous**
OY	**[waj]**	**voyage**

* 철자 i가 l과 결합한 경우 :

철 자	발음 기호	예
ILL	[ij]	**fille, famille** **cf. ville, mille, tranquille**
AIL, AILL	[aj]	**ail, bataille**
EIL, EILL	[ɛj]	**soleil, bouteille**
OUIL, OUILL	[uj]	**ratatouille**
EUIL, EUILL	[œj]	**feuille**

연음, 연독, 모음자 생략

1. 연음(enchaînement)

연음이란 앞 단어의 발음되는 끝 자음이 모음 또는 무음 h로 시작하는 뒤 단어의 첫 음절과 연결되어 발음되는 현상이다.

peti**te a**mie
mi**se en** scène
I**l ha**bi**te à** Paris.

2. 연독(liaison)

연독이란 앞 단어의 발음되지 않는 끝 자음이 모음 또는 무음 h로 시작하는 뒤 단어의 첫 음절과 연결되어 발음되는 현상이다.

peti**t a**mi	(cf. petit garçon)
gran**d h**omme	(cf. grand garçon)
no**s a**mis	(cf. nos garçons)
deu**x a**ns	(cf. deux garçons)

3. 모음자 생략(élision)

je, le, la, de, ce, que, se, ne는 모음이나 무음 h로 시작하는 단어 앞에서 끝 모음이 생략되어 j', l', d', c', qu', s', n'의 형태로 바뀐다.

j'ai	(cf. je parle)
l'ami	(cf. le livre)
je n'ai pas	(cf. je ne parle pas)

Leçon 1

Bonjour!

- 주어 인칭대명사와 동사 활용
- **tu**와 **vous**의 사용
- 안부를 묻고 답하기

Bonjour

Vous allez bien?

M. Leblanc : Bonjour, madame!
Mme Martin : Bonjour, monsieur! Vous allez bien?
M. Leblanc : Oui, je vais bien, merci, et vous?
Mme Martin : Très bien.
M. Leblanc : Au revoir, madame!
Mme Martin : Au revoir, monsieur!

Tu vas bien?

Paul : Bonsoir, Carine!
Carine : Bonsoir, Paul!
Paul : Tu vas bien?
Carine : Oui, ça va, et toi?
Paul : Pas mal, merci.

Ça va?

Isabelle : Salut, Bruno.
Bruno : Salut, Isabelle.
Isabelle : Ça va?
Bruno : Ça va, merci. Et toi?
Isabelle : Moi aussi, ça va bien.
Bruno : Au revoir. Bonne journée!
Isabelle : Toi aussi. À bientôt!

Vocabulaire 어휘

bonjour	[남성명사]	(아침에 만났을 때) 안녕, 안녕하세요
madame	[여성명사]	(기혼 여성에 대한 존칭) 부인 [약자는 Mme]
monsieur	[남성명사]	(남성에 대한 존칭) ~씨, 선생님 [약자는 M.]
vous	[인칭대명사]	1. [2인칭 존칭 주어] 당신이 2. [2인칭 존칭 강세형] 당신
aller	[동사]	1. (이동) 가다 2. (건강 상태가) ~하다, ~한 상태로 지내다
bien	[부사]	잘, 훌륭하게
*aller bien		잘 지내다
oui	[부사]	예, 그렇습니다
je	[인칭대명사]	[1인칭 단수 주어] 나는
merci	[감탄사]	고마워, 감사합니다
et	[접속사]	1. (같은 기능을 가진 요소의 연결) 그리고, 또, ~와 2. (주제의 변경) 그런데
très	[부사]	아주, 매우, 몹시
revoir	[남성명사]	[복수 불변] 재회
*Au revoir!		(헤어질 때 인사) 안녕, 또 만납시다.
bonsoir	[남성명사]	(저녁에 만났을 때) 안녕, 안녕하세요
ça	[지시대명사]	이것, 그것, 저것
toi	[인칭대명사]	[2인칭 단수 강세형] 너
pas	[부사]	~가 아니다
mal	[부사]	나쁘게, 운수 나쁘게
salut	[감탄사]	[구어] (만나거나 헤어질 때) 안녕
moi	[인칭대명사]	[1인칭 단수 강세형] 나
bon(ne)	[형용사]	좋은
journée	[여성명사]	(아침부터 저녁까지의) 하루
*Bonne journée!		(아침에 헤어질 때) 좋은 하루 보내요!
aussi	[부사]	~도, 또한
bientôt	[부사]	곧, 오래지 않아
*À bientôt!		(헤어질 때 인사) 또 봅시다!

Conjugaison 동사활용

ALLER

je	vais	nous	allons
tu	vas	vous	allez
il/elle	va	ils/elles	vont

Grammaire 문법

1. 주어 인칭대명사와 동사 활용

1) 프랑스어 문장 어순 : 주어 + 동사 + ~

Je vais bien.

2) 주어 대명사의 형태

	단 수	복 수
1인칭	je	nous
2인칭	tu	vous
3인칭	il / elle	ils / elles

3인칭 남성 단수형 il과 남성 복수형 ils, 여성 단수형 elle과 여성 복수형 elles은 사람 뿐 아니라 사물이나 추상적 대상도 받을 수 있다.

3) 동사 활용

프랑스어 동사는 문장 주어의 인칭과 수에 따라 형태가 변하는데, 이러한 동사의 형태 변화를 활용(conjugaison)이라고 한다.

aller 동사의 활용

je	vais	nous	allons
tu	vas	vous	allez
il/elle	va	ils/elles	vont

3인칭 단수 남성형 il과 여성형 elle, 3인칭 복수 남성형 ils과 여성형 elles의 동사 변화 형태는 동일하다.

2. tu와 vous의 사용

1) tu와 vous의 사용

2인칭 단수 주어로 사용되는 tu와 vous의 차이는 '편한 호칭'과 '존칭'에 해당한다고 볼 수 있다. tu는 우리말의 '너'와 유사하지만 완전히 동일하지는 않다. tu와 vous의 사용에는 나이, 사회적 위치, 상호 관계 등 다양한 요인이 작용한다.

- tu의 사용 : 어린 아이에게, 친구 사이에, 가족 간에

Salut, Paul! Tu vas bien?

- vous의 사용 : 처음 보는 사람에게, 예의를 지켜야 할 관계에서 공손히 표현할 때

Bonjour, monsieur! Vous allez bien?

2) 주어 인칭 대명사 vous의 두 용법

- 2인칭 단수 존칭 대명사 vous : vous는 공손한 표현에서 tu의 존칭으로 사용되기도 한다.

Madame Martin, vous allez bien?

- 2인칭 단수 tu/vous의 복수형 vous :

Paul, tu vas bien?
Paul et Carine, vous allez bien?
Monsieur, madame, vous allez bien?

vous가 2인칭 단수 존칭 표현에 해당하든 2인칭 복수에 해당하든 동사의 형태는 항상 동일하다.

3. 강세형 인칭대명사 (1)

주어 인칭대명사는 한 문장의 주어 위치, 즉 동사 앞에서 항상 동사와 함께 사용된다. 반면에 문장의 주어를 강조하기 위해서, 혹은 동사가 생략된 경우 등 다양한 상황에서 독립적으로 사용될 수 있는 인칭대명사를 '강세형 인칭대명사'라고 한다.

1) 형태

주어 대명사	강세형 대명사	주어 대명사	강세형 대명사
je	moi	nous	nous
tu	toi	vous	vous
il	lui	ils	eux
elle	elle	elles	elles

2) 용법

- 강조할 때

Nous, nous allons bien.
Lui, il va bien?

- 동사가 생략되고 단독으로 쓰일 때

A : Tu vas bien?
B : Oui, ça va, merci. Et toi?
A : Moi aussi, je vais bien.
A : Au revoir, monsieur. Bonne journée!
B : Vous aussi. À bientôt!

강세형 인칭대명사 단독으로는 동사의 주어 자리에 쓰일 수 없다.

Lui va bien? (X)

4. 중성 지시대명사 ça

ça는 원래 '이것/그것/저것' 등 지시 대상을 가리키는 중성 지시대명사 cela의 구어 표현이다. 그러나 ça는 cela를 사용하는 지시적 맥락과는 무관한 다양한 관용적 표현에서 사용되기도 한다.

A : Comment ça va?
B : Ça va très bien.

Expressions 표 현

1. 호칭

1) 남성에 대한 존칭 : monsieur [məsiø] [약자는 M.]
2) 기혼 여성에 대한 존칭 : madame [약자는 Mme]
3) 미혼 여성에 대한 존칭 : mademoiselle [약자는 Mlle]

Oui, monsieur!
Bonjour, madame Durand.
Bonne journée, mademoiselle!

2. 일상의 인사말

1) 만날 때의 인사

Bonjour!	[아침에 또는 오후에]
Bonsoir!	[저녁에]
Salut!	[↗ 친한 사이에 쓰는 구어 표현]

2) 헤어질 때의 인사

Au revoir!	(안녕! 안녕히 계세요)
À bientôt!	(다음에 보자!)
À demain!	(내일 보자!)
À tout à l'heure!	(이따 보자!)
Salut!	(↘ 안녕!) [친한 사이에 쓰는 구어 표현]
Adieu!	(오랜 이별을 할 때의 작별 인사)
Bonne journée!	(좋은 하루 보내세요!)
Bonne soirée!	(좋은 저녁 시간 보내세요!)

3. 안부를 묻고 말하기

1) 서로 vous로 칭하는 사이일 때 :

A : Vous allez bien? B : Oui, je vais bien.
A : Comment allez-vous? B : Je vais très bien, merci.

2) 서로 tu로 칭하는 사이일 때 :

A : Tu vas bien? B : Oui, (je vais) très bien.
A : Comment vas-tu? B : Je vais bien.
A : Ça va bien? B : Ça va (bien), merci.
A : Ça va? (↗) B : Ça va. (↘)
A : Comment ça va? B : Pas mal.

NOTE

Exercices 연습문제

1. aller 동사의 현재 활용형을 넣으시오.

1) Monsieur, vous ____________________ bien?
2) Tu ______________________ bien?
3) Ça ______________________?
4) Ils ______________________ très bien.

2. 알맞은 대명사를 넣어 대화를 완성하시오.

1) A : ____________ allez bien? B : Oui, _________ vais bien.
2) A : Paul, ___________ vas bien? B : Pas mal, merci. Et ______?
3) A : Au revoir, monsieur. Bonne journée! B : _________ aussi. À bientôt!
4) A : ____________ va bien? B : Oui, ça va, merci.

3. 문장을 순서에 맞게 배열하여 대화를 완성하시오.

1) Salut, Paul. Ça va?
2) Pas mal, merci. Au revoir!
3) Je vais bien merci. Et toi?
4) Au revoir! Bonne journée!
5) Bonjour, Alice!

4. 프랑스어로 옮기시오.

1) 안녕하세요, 선생님. (아침 인사, monsieur)
2) 안녕! / 잘 가! (헤어질 때의 인사)
3) 좋은 하루 보내세요.
4) 이따 보자!

Leçon 2

Je suis Vincent, et vous?

- 정관사와 부정관사
- 형용사의 일치
- 1군 동사
- 자기 소개(1)

Je suis Vincent, et vous?

Vincent

Bonjour. Je suis Vincent. Je suis français. J'habite à Paris.
Je suis étudiant. Je parle français, allemand et italien.
Je suis grand. Je suis actif.
J'aime le sport et la cuisine. Et vous?

Jina

Bonjour. Je m'appelle Jina. Je suis coréenne.
J'habite à Séoul. C'est la capitale de la Corée.
Je suis étudiante aussi. Je parle coréen, français et anglais.
Je suis petite. Je suis calme.
J'aime l'opéra et le théâtre. Et vous vous appelez comment?

Jennie

Salut! Je m'appelle Jennie. Je suis américaine. Je suis de New-York.
Je suis pianiste. Je suis blonde. Et je suis curieuse.
J'aime la culture coréenne. Enchantée tout le monde!

Vocabulaire 어휘

être	[동사]	1. ~이다
		2. ~에 있다
français	[형용사]	프랑스의, 프랑스인의 [여성형은 française]
	[남성명사]	프랑스어
habiter	[동사]	살다
à	[전치사]	~에(서)
étudiant(e)	[명사]	대학생
parler	[동사]	말하다
*parler + 언어명		~ 나라 말을 하다
allemand	[형용사]	독일의, 독일인의 [여성형은 allemande]
	[남성명사]	독일어
italien	[형용사]	이탈리아의, 이탈리아인의 [여성형은 italienne]
	[남성명사]	이탈리아어
grand(e)	[형용사]	(키가) 큰
actif(ve)	[형용사]	활동적인, 적극적인
aimer	[동사]	좋아하다
sport	[남성명사]	운동
cuisine	[여성명사]	요리
s'appeler	[동사]	이름이 ~이다
coréen	[형용사]	한국의, 한국인의 [여성형은 coréenne]
	[남성명사]	한국어
ce	[지시대명사]	이것, 그것, 저것
capitale	[여성명사]	수도 ; 중심지
Corée	[여성명사]	[지명] 한국
anglais	[형용사]	영국의, 영국인의 [여성형은 anglaise]
	[남성명사]	영어
petit(e)	[형용사]	(키가) 작은
calme	[형용사]	조용한, 침착한
opéra	[남성명사]	오페라

théâtre	[남성명사]	연극
comment	[의문부사]	어떻게
américain(e)	[형용사]	미국의, 미국인의
de	[전치사]	~에서, ~로부터
pianiste	[명사]	피아니스트
blond(e)	[형용사]	금발의
curieux(se)	[형용사]	호기심이 많은
culture	[여성명사]	문화
enchanté(e)	[형용사]	매우 기쁜, 만족한
*(Je suis) enchanté(e).		처음 뵙겠습니다.
monde	[남성명사]	세계, 세상
*tout le monde		모든 사람들, 모두

NOTE

Conjugaison 동사활용

1. être

être			
je	suis	nous	sommes
tu	es	vous	êtes
il/elle	est	ils/elles	sont

2. s'appeler

s'appeler			
je	m'appelle	nous	nous appelons
tu	t'appelles	vous	vous appelez
il/elle	s'appelle	ils/elles	s'appellent

s'appeler 동사와 같이 주어와 동일한 인칭의 대명사가 동사 앞에 놓여 [대명사 se + 동사]가 하나의 동사로 기능하는 경우를 대명동사라고 한다. 동사 appeler는 appeler qn 형태로 '누구를 부르다, 호출하다'는 의미를 가지는 반면, 대명동사 s'appeler는 '자신이 ~라고 불리다' 즉 '이름이 ~이다'라는 표현을 이룬다.

1군 변칙동사인 s'appeler는 발음이 되지 않는 어미인 단수 1/2/3인칭 및 복수 3인칭 어미 바로 앞 음절에서 l이 하나 더 삽입되어 -ll- 형태가 되며, [apɛl]로 발음된다.

Grammaire 문법

1. 명사의 성과 수

1) 명사의 문법적 성

프랑스어의 일반 명사는 대부분 성이 남성이나 여성 중 하나로 고정되어 있다. 사람이나 동물을 가리키는 명사는 대체로 자연성을 따르지만, 사물이나 추상적 대상을 가리키는 명사의 경우에는 문법적 성을 구별하는 규칙이 따로 없으므로, 각 명사와 함께 그때그때 암기해야 한다.

남성 명사	여성 명사
homme (남자)	femme (여자)
coq (수탉)	poule (암탉)
train (기차)	voiture (자동차)
sport (스포츠)	cuisine (요리)
Canada (캐나다)	France (프랑스)

2) 명사의 여성형

- 규칙 : 명사의 남성형 + **e** = 명사의 여성형

étudiant / étudiant**e**

- 예외 :

(a) -e로 끝나는 명사 : 남성형 = 여성형 pianiste / pianiste
(b) -en으로 끝나는 명사 : -en → -enne musicien / musicienne
(c) -eur로 끝나는 명사 : -eur → -euse chanteur / chanteuse
(d) 여성형이 존재하지 않는 명사 : professeur, médecin

3) 명사의 복수형

- 규칙 : 명사의 단수형 + s = 명사의 복수형

étudiant / étudiants

- 예외 : -s, -z, -x로 끝나는 명사 : 단수형 = 복수형

Français / Français

2. 부정관사와 정관사

1) 부정관사

- 형태 :

	남 성	여 성
단 수	un	une
복 수	des	

un étudiant / une étudiante
des étudiants / des étudiantes

- 용법 : 셀 수 있는 보통명사에 대해 처음으로 소개되는 것, 아직 지정되지 않은 것을 가리킬 때 부정관사를 사용한다.

C'est une étudiante.
Ce sont des livres.

2) 정관사

- 형태

	남 성	여 성
단 수	le / l'	la / l'
복 수	les	

(a) le + 남성명사 : le sport
(b) la + 여성명사 : la cuisine
(c) l' + 모음/무음 h로 시작하는 남성명사/여성명사 : l'opéra, l'hôpital / l'école, l'histoire
(d) les + 남성명사/여성명사 복수형 : les sports, les arts / les cuisines, les histoires

- 용법

(a) 명사가 그 종류 전체를 대표하는 일반적, 총칭적 의미를 가질 때 :
J'aime le sport et la cuisine.

(b) 유일한 대상을 가리킬 때 : le soleil, la lune

(c) 지명 등의 고유명사 앞에서 : la Corée
단, 도시명은 원칙적으로 관사를 쓰지 않는다 : Paris, Séoul

(d) 명사구가 수식을 받아 한정되거나, 문맥이나 상황에 의해 지정될 때 :
Séoul, c'est <u>la</u> capitale <u>**de la Corée.**</u>

명사를 외울 때는 반드시 관사와 함께 암기하는 것이 중요하다. 그런데 정관사 le와 la는 모음이나 무음 h로 시작하는 명사 앞에서 l'로 축약되므로, 뒤따르는 명사의 성을 구별할 수 없는 경우가 생긴다. 명사의 문법적 성을 학습하기 위해서는 각 명사에 부정관사를 붙여 외우는 것이 효과적이다.

부정관사 복수형 des와 정관사 복수형 les의 발음되지 않는 마지막 자음 s는 모음이나 무음 h로 시작하는 명사 앞에서 [z]로 발음되어 연독된다.

des étudiants [dezetydjɑ̃] / les arts [leza:ʀ]

3. être 동사 구문

1) C'est ~ 소개문 : 이것/그것/저것(이/그/저 사람)은 ~이다

- être 동사는 사람, 사물, 추상적 대상을 지시하는 중성 지시대명사 ce를 주어로 삼아 C'est ~ 형식의 소개문을 형성한다.

C'est Vincent.
C'est un étudiant.
C'est un livre.

- 중성 지시대명사 ce는 être 동사의 3인칭 단수형 est와 결합하여 c'est 형태로 축약된다.
- 대명사 ce는 여성형이나 복수형이 존재하지 않는다.

C'est une étudiante. / Ce sont des étudiants.

2) 주어 + être + 속사 : 주어가 ~이다

- être 동사 뒤에 주어의 속성을 표현하는 명사나 형용사가 올 때 이를 문법적으로는 '속사'라고 부른다.

Je suis Vincent.
Elle est pianiste.
Vous êtes française?
Ils sont actifs.

- être의 속사 위치에 오는 명사나 형용사는 주어의 성 · 수에 일치한다.

Il est grand.	Elle est grand**e.**
Elle est étudiant**e.**	Elles sont étudiant**es.**

- être의 속사 위치에 오는 명사 앞에서는 관사가 생략된다.

Elle est pianiste. (O) / Elle est une pianiste. (X)
Ils sont étudiants. (O) / Ils sont des étudiants. (X)

반면에 C'est ~ 구문에서 명사는 관사와 함께 쓰인다.

C'est **une** pianiste. / Ce sont **des** étudiants.

3) 주어 + être + de + 지역명 : ~에서 오다, ~ 사람이다.

- être 동사 뒤에 전치사 de와 함께 지역을 나타내는 고유명사가 오면 '~ 사람이다'라는 의미로 출신지를 표현하는 문장이 된다.

Je suis **de** Séoul.
Elle est **de** New-York.

4. 형용사의 일치

1) 형용사는 수식하는 명사와 성·수를 일치시킨다.

Vincent est grand. / Jennie est grand**e.**
Je suis actif. / Nous sommes actif**s.**

2) 형용사의 여성형

- 규칙 : 형용사의 남성형 + **e** = 형용사의 여성형

Bruno est français. / Carine est français**e**.

- 예외 :

(a) -e로 끝나는 형용사 : 남성형 = 여성형	Il est calme. Elle est calme.
(b) -eux로 끝나는 형용사 : -eux → -euse	Il est curieux. Elle est curieuse.
(c) -f로 끝나는 형용사 : -f → -ve	Il est actif. Elle est active.
(d) 끝 자음이 반복되는 경우 : -en → -enne	Il est italien. Elle est italienne.

3) 형용사의 복수형

- 규칙 : 단수형 + **s** = 복수형

Il est petit. / Ils sont petit**s**.
Elle est grande. / Elles sont grande**s**.

- 예외 : -s, -x, -z로 끝나는 형용사의 복수형은 단수형과 동일하다.

Il est français. / Ils sont français.

5. 1군 규칙동사

1) 프랑스어의 동사는 크게 1군 규칙동사(-er형 동사), 2군 규칙동사

(-ir형 동사), 3군 불규칙동사의 세 그룹으로 구분한다. (2군 규칙동사 ☞ 5과 문법)

2) 동사의 원형이 -er로 끝나는 동사들은 불규칙 동사 aller의 단 한 경우만을 제외하고 모두 1군 동사에 속하며, 활용 형태가 규칙적이다.

3) 1군 규칙동사의 직설법 현재 활용 형태는 동사원형의 어미 -er를 뺀 자리에 각 인칭과 수에 따라 어미 **-e, -es, -e, -ons, -ez, -ent**를 붙여 만든다.

parler	aimer	habiter
je parle tu parles il/elle parle nous parlons vous parlez ils/elles parlent	j'aime tu aimes il/elle aime nous aimons vous aimez ils/elles aiment	j'habite tu habites il/elle habite nous habitons vous habitez ils/elles habitent

Je parle français.
Tu aimes le sport?
Vous habitez à Paris?

주어 인칭대명사 je는 aimer, habiter와 같이 모음이나 무음 h로 시작하는 동사 앞에서 j' 형태로 축약된다.

1군 규칙동사의 활용 어미 -e, -es, -ent는 모두 발음되지 않는다. 따라서 1군 규칙동사의 1/2/3인칭 단수형과 3인칭 복수형은 형태는 달라도 발음이 동일하다.

Expressions 표현

1. 자기 소개 (1)

1) 이름

A : Vous vous appelez comment? B : Je m'appelle Vincent.
A : Comment tu t'appelles? B : Je m'appelle Carine.
A : Vous êtes monsieur...? B : Bonnot. Je suis Paul Bonnot.

comment과 같은 의문사는 일반적으로 문장의 맨 앞에 위치하며 주어와 동사의 도치를 유도하지만(☞ 3과 문법), 구어에서는 평서문의 어순을 그대로 유지하거나 도치 현상 없이 사용되기도 한다.

2) 출신지

Je suis de France.
Je suis de Séoul.

être de 뒤에 여성명사 또는 모음으로 시작하는 남성명사 국가 이름이 오면 정관사 la 또는 l'가 생략된다.

3) 직업

Je suis professeur.
Je suis musicienne.

2. 첫 만남의 인사

Paul : Bonjour!
Je m'applle Paul.
Enchanté, Carine.

Carine : Salut!
Moi, je suis Carine.
Enchanté**e**.

Enchanté(e)는 Je suis enchanté(e)의 주어와 동사가 생략된 표현이다. 따라서 être의 속사에 해당하는 형용사 enchanté(e)는 주어, 즉 말하는 이의 성과 수에 일치한다.

3. 나라 이름/국적 형용사/국민/언어

나라 이름	국적 형용사	국민	언어
	Il/Elle est ~	C'est ~	Il/Elle parle ~
la Corée	Je suis coréen. Tu es coréenne.	un Coréen une Coréenne	Nous parlons coréen.
la France	Il est français. Elle est française.	un Français une Française	Ils parlent français.
l'Allemagne	Il est allemand. Elle est allemande.	un Allemand une Allemande	Ils parlent allemand.
l'Italie	Il est italien. Elle est italienne.	un Italien une Italienne	Ils parlent italien.
la Chine	Il est chinois. Elle est chinoise.	un Chinois une Chinoise	Ils parlent chinois.
le Japon	Il est japonais. Elle est japonaise.	un Japonais une Japonaise	Ils parlent japonais.
les États-Unis	Il est américain. Elle est américaine.	un Américain une Américaine	Ils parlent anglais.

나라 이름에 연결되는 국적 형용사와 국민을 가리키는 명사는 형태가 동일하다. 단, 국민을 가리키는 명사는 첫 글자를 대문자로 표기한다. 일

반적으로 '~나라 사람이다'라고 국적을 밝힐 때는 [être + 국적 형용사] 형식의 형용사 구문을 사용한다.

Elles sont françaises.
Ce sont des Françaises.

언어명은 남성명사로 국적 형용사 남성형과 형태가 동일하다. '~나라 말을 하다'라는 문장을 만들 때는 흔히 관사 없이 [parler + 언어명] 형식의 문장을 사용한다.

Ils parlent français.

Exercices

1. 주어진 동사를 알맞은 현재형으로 활용시키시오.

1) Nous ______________ à Séoul. (habiter)
2) Vous ______________ Français? (être)
3) Tu ______________ comment? (s'appeler)
4) Ils ______________ la cuisine. (aimer)

2. 빈칸에 알맞은 정관사를 쓰시오.

1) ______________ sport 2) ______________ opéra
3) ______________ théâtre 4) ______________ cuisine

3. 다음 문장을 제시된 주어에 맞게 다시 쓰시오.

1) Il est blond. → Jennie, elle ________________.
2) Elle est française. → Paul et Carine, ils ________________.
3) Tu es curieuse. → Paul et toi, vous ________________.
4) Il est actif. → Carine et Marie, elles ________________.

4. 다음 국명에 해당하는 형용사의 남성형과 여성형을 쓰시오.

1) le Japon Il est ____________. Il parle ____________.

2) l'Italie Elle est ____________. Elle parle ____________.

3) les États-Unis Ils sont ____________. Ils parlent ____________.

4) la Chine Elles sont ____________. Elles parlent ____________.

5. 프랑스어로 옮기시오.

1) 나는 한국인이다.
2) 그들은 영어를 한다.
3) 그는 키가 크다.
4) 당신은 오페라를 좋아합니까?

Leçon 3

Devant la machine à café

- 전치사와 정관사의 축약
- 부정문
- 의문문의 유형
- 수사 1~10

Devant la machine à café

Marc : Vous avez des pièces, s'il vous plaît? Je veux un café, mais j'ai seulement un billet de dix euros.

Marie : Des pièces... Voilà, j'ai deux pièces de deux euros. Vous êtes nouveau ici?

Marc : Oui, je suis en stage pour six mois.

Marie : Enchantée, mais, comment vous appelez-vous?

Marc : Je m'appelle Marc. Je viens du Canada. Et vous?

Marie : Je m'appelle Marie Leblanc. Je suis secrétaire, je travaille dans le bureau du directeur.

Marc : Enchanté, Marie.

(*Marc trouve une alliance au doigt de Marie.*)

Marc : Vous avez une jolie bague! Est-ce que c'est une alliance?

Marie : Oui, je suis mariée et j'ai trois enfants adorables.

Marc : Trois enfants?

Marie : Oui, j'ai deux garçons, Alex et Bernard et une fille, Sophie.

Marc : Quel âge ont-ils?

Marie : Alex a neuf ans, Bernard a sept ans et Sophie, elle a cinq ans. Et vous? Êtes-vous marié?

Marc : Non, je ne suis pas marié. Je suis célibataire. J'habite seul dans un petit appartement au centre-ville.

Vocabulaire 어휘

devant	[전치사]	~ 앞에(서)
machine	[여성명사]	기계
*machine à café		커피 자판기
café	[남성명사]	커피
avoir	[동사]	가지다, 소유하다
pièce	[여성명사]	동전
s'il vous plaît		미안하지만, 실례지만

*tu를 사용하는 친한 사이에서는 s'il te plaît라고 한다. s'il vous plaît의 약자는 S.V.P.

vouloir	[동사]	원하다, 바라다, 갖고(하고) 싶어하다
mais	[접속사]	그러나, 하지만, 그런데
seulement	[부사]	단지, 오직
billet	[남성명사]	지폐
de	[전치사]	1. ~의 2. ~에서, ~부터
euro	[남성명사]	유로[유럽연합(EU)의 화폐 단위]
voilà	[전치사]	1. 저기(거기)에 ~이 있다 2. (물건을 보여주면서) 예, 여기 있습니다
nouveau	[형용사]	새로운, 새로 들어온 [남성단수 2형 nouvel, 여성단수형 nouvelle, 남성복수형 nouveaux, 여성복수형 nouvelles]
ici	[부사]	여기에(서) (↔ là)
en	[전치사]	1. (장소) ~에(서) 2. (상태) ~의 상태인
stage	[남성명사]	실습(기간), 연수(기간)
*être en stage		연수 중이다
pour	[전치사]	1. (목적) ~을 위하여 2. (예정 · 기간) ~ 동안

mois	[남성명사]	달, 월, 개월
venir	[동사]	[venir de + 장소] ~에서 오다, ~ 출신이다
Canada	[남성명사]	[지명] 캐나다
secrétaire	[명사]	비서
travailler	[동사]	일하다
bureau	[남성명사]	사무실
directeur(trice)	[명사]	(조직의) 통솔자, 부장
trouver	[동사]	발견하다
alliance	[여성명사]	결혼 반지
doigt	[남성명사]	손가락
joli(e)	[형용사]	예쁜, 귀여운
bague	[여성명사]	반지
marié(e)	[형용사]	결혼한, 기혼인
enfant	[명사]	어린이, 아이
adorable	[형용사]	사랑스러운, 귀여운
garçon	[남성명사]	남자 아이, 아들
fille	[여성명사]	여자 아이, 딸
quel(le)	[의문형용사]	어느, 어떤, 무슨
âge	[남성명사]	나이
an	[남성명사]	연, 해, ~살
non	[부사]	아니(오)
pas	[부사]	[ne와 함께] ~이 아니다
célibataire	[형용사]	독신의
seul(e)	[형용사]	혼자인, 홀로인
*habiter seul(e)		혼자 살다
appartement	[남성명사]	아파트
centre-ville	[남성명사]	도심지, 중심가

Conjugaison 동사활용

avoir

avoir			
j'	ai	nous	avons
tu	as	vous	avez
il/elle	a	ils/elles	ont

vouloir

vouloir			
je	veux	nous	voulons
tu	veux	vous	voulez
il/elle	veut	ils/elles	veulent

venir

venir			
je	viens	nous	venons
tu	viens	vous	venez
il/elle	vient	ils/elles	viennent

Grammaire 문법

1. avoir 동사 구문

1) (물건을) 가지다, 소유하다, 지니다

Vous avez des pièces, s'il vous plaît?
J'ai un billet de dix euros.
Ils ont un appartement au centre-ville.

2) (의복·장신구를) 착용하다

Elle a une jolie robe.
Il a une alliance au doigt.

3) (인간관계) ~가 있다

J'ai un mari.
Elle a trois enfants.

4) (나이가) ~ 살이다

Alex a neuf ans.
Vous avez quel âge?

2. 전치사와 정관사의 축약

1) 전치사 à와 정관사의 축약

전치사 **à** + 정관사 + 명사	
à + le → **au** à + la → à la à + l' → à l' à + les → **aux**	Je vais au bureau. Tu vas à la poste? Il va à l'hôpital. / Elle va à l'école. Ils vont aux États-Unis.

2) 전치사 de와 정관사의 축약

전치사 **de** + 정관사 + 명사	
de + le → **du** de + la → de la de + l' → de l' de + les → **des**	Je viens du bureau. Tu viens de la poste? Il vient de l'hôpital. / Elle vient de l'école. Ils viennent des États-Unis.

3. 형용사의 기능과 위치

1) 형용사의 기능

형용사는 명사를 수식하는 성분으로서 명사의 성·수에 일치한다. 형용사의 기능은 크게 속사적 용법과 부가적 용법의 두 경우로 구분된다.

- 속사적 용법 : être 동사 뒤에서 주어의 속성을 표현하는 속사로 쓰인다.

Vincent est blond.
Marie est mariée.

- 부가적 용법 : 명사의 앞이나 뒤에서 명사를 수식하는 부가어로 쓰인다.

C'est un bon restaurant.
Elle a des enfants adorables.

2) 형용사의 위치

프랑스어의 형용사는 부가어로 쓰일 때 흔히 명사 뒤에 놓이는 경향을 보이지만, 형용사의 성질에 따라서 그 위치가 명사의 앞 또는 뒤로 결정되어 있는 경우도 있다.

- 명사 앞에 놓이는 형용사 : 일상적으로 많이 쓰이고 음절이 짧은 경우.
  petit, bon, mauvais, joli, beau, nouveau, jeune, vieux 등

    un petit appartement / un bon restaurant / une jolie bague / une nouvelle voiture

- 명사 뒤에 놓이는 형용사 : 색깔, 형태, 국적, 종교 등을 나타내는 형용사, 세 음절 이상의 긴 형용사.

    une voiture rouge / une table ronde / des amis français
    une église catholique / un garçon ambitieux

- 위치에 따라 뜻이 달라지는 형용사 :

    un grand homme (위대한 사람) / un homme grand (키가 큰 사람)
    une pauvre femme (불쌍한 여자) / une femme pauvre (가난한 여자)

4. 부정문

프랑스어의 부정문은 동사의 앞에 ne, 뒤에 pas를 붙여 만든다.

긍정문	부정문
주어 + 동사 + ...	주어 + **ne** 동사 **pas** + ...
Je suis étudiant.	Je **ne** suis **pas** étudiant.

A : Vous êtes marié?	B : Oui, je suis marié.
	C : Non, je **ne** suis **pas** marié.
A : Tu aimes la cuisine italienne?	B : Oui, j'aime la cuisine italienne.
	C : Non, je **n'**aime **pas** la cuisine italienne.

부정의 ne는 모음이나 무음 h로 시작하는 동사 앞에서 n'로 형태가 바뀐다.

5. 의문문의 형태

프랑스어의 의문문을 만드는 형식은 다음 세 가지로 나뉜다.

1) 상승 억양

평서문의 형식을 그대로 유지하면서 문장의 끝만 올리는 억양을 이용하는 방법이다.

Vous êtes marié?
Ils ont quel âge? / Quel âge ils ont?
Vous vous appelez comment? / Comment vous vous appelez?

2) est-ce que 의문문

평서문 앞에 est-ce que를 붙여 의문문을 만든다.

Est-ce que vous êtes marié?
Quel âge est-ce qu'ils ont?
Comment est-ce que vous vous appelez?

3) 도치 의문문

주어가 인칭대명사일 때 주어와 동사의 위치를 도치시키고 그 사이에 연결부호(trait d'union)를 넣는다.

Êtes-vous marié?
Quel âge **ont-ils?**
Comment **vous appelez-vous?**

동사가 모음으로 끝나고 주어 인칭대명사가 il/elle처럼 모음으로 시작하는 경우, 주어와 동사를 도치하면 모음과 모음이 만나게 되는데, 프랑스어에서는 이런 모음의 충돌을 피하는 경향이 있다. 이를 위해 도치된 주어와 동사 사이에 «-t-»를 삽입한다.

Elle aime la cuisine coréenne? / Aime-**t**-elle la cuisine coréenne?
Il a quel âge? / Quel âge a-**t**-il?

6. 의문형용사

1) 형태

	남 성	여 성
단수	quel	quelle
복수	quels	quelles

성·수에 따라 형태가 달라도 발음은 모두 [kɛl]로 동일하다.

2) 용법

- '어떤', '무슨', '몇' 등의 의미를 가지고 명사 앞에 놓여 한정하는 역할을 한다.

  Quel âge avez-vous?
  Quel cadeau veux-tu?
  Quelle fleur aime-t-elle?

- '무엇', '얼마'의 의미를 가지며 être 동사의 속사 위치에 쓰일 수 있다.

  Quel est le prix de la chambre?
  Quelle est la profession de Paul?

NOTE

Expressions 표 현

1. 수사 1-10

1	un / une	2	deux
3	trois	4	quatre
5	cinq	6	six
7	sept	8	huit
9	neuf	10	dix

1) '하나'에 해당하는 un/une만 남성형과 여성형이 구별된다.
2) 2 deux와 3 trois의 끝 자음 x와 s는 발음되지 않는다. 단 뒤에 모음이나 무음 h로 시작하는 명사가 오면 [z]로 연음된다.
3) 5 cinq[k], 6 six[s], 7 sept[t], 8 huit[t], 9 neuf[f], 10 dix[s]의 경우 끝 자음을 발음한다.

   단, 5 cinq, 6 six, 8 huit, 10 dix는 뒤에 자음으로 시작하는 명사가 오면 끝 자음을 발음하지 않는다.

   six [si] mois, huit [ɥi] garçons

4) 5 cinq, 6 six, 8 huit, 10 dix 뒤에 모음이나 무음 h로 시작하는 명사가 오면 끝 자음을 연음한다. 이때 6 six, 10 dix의 끝 자음 x는 [z]로 연음된다.

   cinq enfants [sɛ̃**k**ɑ̃fɑ̃], six ans [si**z**ɑ̃]

5) 7 sept와 9 neuf는 뒤에 자음으로 시작하는 단어가 와도 끝 자음을 발음한다.

   sept [sɛt] livres, neuf [nœf] mois

6) 9 neuf 뒤에 모음이나 무음 h로 시작하는 단어가 오면 [v]로 발음하여 연음한다.

neuf ans [nœvɑ̃]

7) 8 huit는 앞에 오는 단어와 연음하지 않는다.

les huit [le/ɥi] garçons
(수사 11~20 ☞ 5과, 수사 21 이상 ☞ 6과)

2. 자기 소개 (2)

1) 나이

A : Quel âge as-tu? B : J'ai dix ans.

2) 가족 관계

Je suis marié(e).
J'ai un mari. / J'ai une femme.
J'ai des enfants.

Je ne suis pas marié(e).
Je suis célibataire.
J'habite seul.

3) 사는 곳

J'habite à Paris.
J'habite dans une banlieue de Paris.
J'habite dans un appartement au centre-ville.

3. 공손한 요구의 s'il vous plaît

Vous avez une table libre, s'il vous plaît?
Monsieur, s'il vous plaît!
Un café, s'il vous plaît.

4. 제시의 voilà

1) 물건을 제시하며 '여기 ~ 있습니다'

Voilà un café et deux croissants.
Voilà un bouquet de fleurs pour vous.

2) (물건을 보여주며) 예, 여기 있습니다.

A : Vous avez des pièces? B : Voilà, madame, j'ai une pièce de deux euros.
A : Vous avez une carte? B : Voilà, monsieur.

5. 전치사 de의 다양한 쓰임

1) 소유, 소속 : ~의

C'est la bague de Marie.
Je travaille dans le bureau du directeur.

2) 출발점 : ~에서부터

Elle vient du bureau.
Ils viennent de l'école.

3) 출신지 : ~ 출신인

Elle est de Paris. (= Elle est parisienne.)
Il vient du Canada. (= Il est canadien.)

4) 동격

un billet de dix euros
la ville de Paris

6. 장소 표현의 전치사

à	~ 에	La clé est	à la maison.
dans	~ 안에		dans la chambre.
sur	~ 위에		sur la table.
sous	~ 아래에		sous le chapeau.
devant	~ 앞에		devant la lampe.
derrière	~ 뒤에		derrière le sac.
entre	~ 사이에		entre deux livres.

Exercices 연습문제

1. 주어진 동사를 알맞은 현재형으로 활용시키시오.

1) Tu ____________ un café? (vouloir)
2) Nous ____________ dans une école. (travailler)
3) Elles ____________ de Marseille. (venir)
4) Ils ____________ un petit appartement au centre-ville. (avoir)
5) Comment ____________-vous? (s'appeler)

2. avoir와 être 중 알맞은 동사의 현재형을 넣어 문장을 완성하시오.

1) Vous ____________ célibataire?
2) Quel âge ____________-vous?
3) Ils ____________ en stage.
4) Je(J') ____________ deux enfants.

3. 다음 문장을 부정문으로 바꾸시오.

1) La chambre est grande. → ____________________
2) Je m'appelle Vincent. → ____________________
3) J'habite au centre-ville. → ____________________
4) Ils ont huit ans. → ____________________

4. 다음과 같은 답이 나올 수 있는 질문을 도치 의문문 형식으로 제시하시오.

1) Q : ____________________
R : Non, je ne suis pas mariée.

2) Q : ____________________

R : Oui, j'ai deux enfants.

3) Q : ____________________

R : Elle s'appelle Sophie.

4) Q : ____________________

R : Ils ont cinq ans.

5. 프랑스어로 옮기시오.

1) 나는 프랑스인 친구가 세 사람 있다. (avoir)
2) 그는 파리에서 왔다. (venir de)
3) 그녀는 빨간색 작은 가방을 들고 있다. (avoir, sac)
4) 동전 있으세요? (s'il vous plaît)
5) 나는 작은 아파트에서 혼자 살고 있다. (seul)

NOTE

Leçon 4

Vincent est chez Carine.

- 부분관사
- 소유형용사
- 수량 표현

Vincent est chez Carine.

Carine : Qu'est-ce que tu veux boire? Tu veux du café?

Vincent : Non, merci, je n'aime pas le café. Je préfère le thé. Est-ce que tu as du thé?

Carine : Non, je suis désolée. Mais j'ai de la bière et du jus de fruits. Tu ne veux pas de jus d'orange, par exemple? Il y a beaucoup de vitamines dans le jus d'orange!

Vincent : D'accord, alors je prends un jus d'orange.

(*Carine sert un verre de jus d'orange à Vincent, et elle apporte quelques photos.*)

Vincent : Qu'est-ce que c'est? Des photos?

Carine : Oui, ce sont les photos de nos vacances. Ça, c'est Paul et moi, nous sommes en train de faire du vélo...

Vincent : C'est chouette! Et ici, au milieu, qui est-ce?

Carine : C'est Sophie, la cousine de Paul.

Vincent : Ah, c'est sa cousine... Elle a l'air gentille.

Carine : Oui, elle est très gentille.

Vocabulaire 어휘

chez	[전치사]	~(의) 집에(서)
que	[의문대명사]	무엇
boire	[동사]	마시다
aimer	[동사]	좋아하다, 사랑하다
préférer	[동사]	더 좋아하다, 선호하다
thé	[남성명사]	차
désolé(e)	[형용사]	미안한, 유감인
bière	[여성명사]	맥주
jus	[남성명사]	주스
fruit	[남성명사]	과일
orange	[여성명사]	오렌지
exemple	[남성명사]	예, 예시
*par exemple		예를 들어, 예컨대
beaucoup	[부사]	많이
vitamine	[여성명사]	비타민
d'accord		좋아. OK.
alors	[부사]	그러면
prendre	[동사]	마시다, 먹다
servir	[동사]	[servir qc à qn] 대접하다
verre	[남성명사]	(유리)잔, 컵
apporter	[동사]	가져오다
quelques	[부정형용사]	[복수형] 몇몇
photo	[여성명사]	사진
vacances	[여성명사]	[복수형] 방학, 휴가
être en train de		[être en train de + 동사원형] ~하는 중이다

faire	[동사]	하다; 만들다 (동사활용 ☞ 5과)
vélo	[남성명사]	자전거
chouette	[형용사]	[구어] 멋진, 근사한
milieu	[남성명사]	가운데
qui	[의문대명사]	누구
cousin(e)	[명사]	사촌
avoir l'air	[avoir l'air + 형용사]	~해 보이다
gentil(le)	[형용사]	친절한

Conjugaison 동사활용

préférer

préférer			
je	préf**è**re	nous	préférons
tu	préf**è**res	vous	préférez
il/elle	préf**è**re	ils/elles	préf**è**rent

1군 변칙동사인 préférer는 발음이 되지 않는 어미인 단수 1/2/3인칭 및 복수 3인칭 어미 바로 앞 음절에서 -é-가 -è-로 바뀐다.

boire

boire			
je	bois	nous	buvons
tu	bois	vous	buvez
il/elle	boit	ils/elles	boivent

Leçon 4
Vincent est chez Carine.

prendre

prendre			
je	prends	nous	prenons
tu	prends	vous	prenez
il/elle	prend	ils/elles	prennent

servir

servir			
je	sers	nous	servons
tu	sers	vous	servez
il/elle	sert	ils/elles	servent

NOTE

Grammaire 문법

1. 부분관사

1) 형태

	남 성	여 성
단 수	du	de la
복 수	des	

du와 de la는 모음이나 무음 h로 시작하는 명사 앞에서 de l'로 바뀐다.

du pain, du vin, du jus, de l'argent (남성단수)
de la viande, de la bière, de l'eau (여성단수)
des légumes, des nuages (복수)

2) 용법

특정하지 않은 대상을 가리킬 때, 셀 수 없는 명사 앞에는 부정관사 대신 부분관사를 사용하여 구체적으로 정해지지 않은 양을 표현한다.

Il boit de l'eau.
Je mange du pain au petit déjeuner.
J'ai de l'argent.
Nous avons du courage et de la patience.

2. 소유 형용사

1) 형태

소유주	남성단수	여성단수	복 수
J'ai...	mon	ma	mes
Tu as...	ton	ta	tes
Il/Elle a...	son	sa	ses
Nous avons...	notre	notre	nos
Vous avez...	votre	votre	vos
Ils/Elles ont...	leur	leur	leurs

2) 용법

'~의'라는 뜻을 나타내는 소유 형용사는 관사와 마찬가지로 뒤따르는 명사의 성과 수에 따라 그 형태가 결정된다.

J'ai un livre. → C'est mon livre.
J'ai une voiture. → C'est ma voiture.
J'ai des livres. → Ce sont mes livres.
J'ai des voitures. → Ce sont mes voitures.

le cousin de Vincent/Carine → son cousin
la cousine de Vincent/Carine → sa cousine

모음이나 무음 h로 시작하는 여성 단수명사 앞에서는 ma/ta/sa 대신 mon/ton/son을 사용한다.

ma amie (X) → **mon** amie
ta école (X) → **ton** école
sa histoire (X) → **son** histoire

3. il y a 구문

il y a는 '~이 (~에) 있다'라는 뜻을 나타내는 비인칭 구문으로 장소 표현이 뒤따라 나올 수 있다.

Il y a un livre sur la table.
Il y a des étudiantes dans la salle.
Qu'est-ce qu'il y a sur la table?

il y a 구문은 구체적인 대상을 소개하는 경우 외에도 어떤 상황을 제시할 때에도 쓰인다.

Qu'est-ce qu'il y a? Il y a un problème?

4. 부정문에서의 관사 de

타동사의 직접목적보어 자리나 il y a 구문에 사용된 부정관사와 부분관사는 부정문이 될 경우 de로 바뀐다.

J'ai une amie. → Je **n'**ai **pas** d'amie.
Paul veut du café. → Paul **ne** veut **pas** de café.
Il y a des fleurs dans le jardin → Il **n'**y a **pas** de fleurs dans le jardin.

다음과 같은 문장에서는 부정의 de가 나타나지 않는다는 점에 주의하자.

Je n'aime pas le vin.
Ce n'est pas un livre.

5. 의문사 qui, que

의문사 qui는 사람에게 쓰여 '누구'라는 뜻을 나타내고, que는 사물을 가리켜 '무엇'이라는 뜻을 나타낸다.

A : Qui est-ce?

B : C'est Paul. / Ce sont Paul et Marie.

A : Qui cherchez-vous?

B : Je cherche le directeur.

A : Qu'est-ce que c'est?

B : C'est un livre. / Ce sont des livres.

A : Que cherches-tu?

B : Je cherche mes clés.

Expressions 표 현

1. 수량표현

peu un peu assez beaucoup trop	de	무관사 명사

J'ai peu d'amis.
Je bois un peu d'eau.
Il y a beaucoup de fleurs dans le jardin.
Combien de tomates voulez-vous?

위와 같은 수량 표현 외에 단위 명사를 사용하여 수량을 나타낼 수 있다. 이 경우에도 de 뒤에 오는 명사는 관사 없이 쓰인다.

Paul boit un verre d'eau.
Elle prend une bouteille de vin.

2. 부정 형용사 quelques

복수형으로 쓰인 quelques는 '몇몇의, 약간의'라는 뜻을 지닌다.

J'ai quelques amis en France.
Sophie apporte quelques livres.

3. **진행형 표현** : être en train de + **동사원형**

Nous sommes en train de déjeuner.
Jean est en train de parler.

4. avoir l'air + **형용사**

Elle a l'air fatiguée.
Tes amis ont l'air très gentils.

[avoir l'air]와 결합하는 형용사는 주어의 성과 수에 일치한다.

5. faire + **부분관사** + **명사**

Paul est en train de faire du vélo.
Ma fille veut faire de la musique.

6. **수락과 거절의 표현**

A : Tu veux du thé? B : D'accord. / Avec plaisir. / Volontiers.
A : Tu veux du thé? B : Non, merci.

Exercices 연습문제

1. 주어진 동사를 알맞은 현재형으로 활용시키시오.

1) Tu __________ le café ou le thé? (préférer)
2) Nous __________ beaucoup d'eau. (boire)
3) Ils __________ du café. (prendre)
4) Marie __________ un verre de jus d'orange à Paul. (servir)

2. 다음 문장에 알맞은 관사의 형태를 넣으시오.

1) Avez-vous __________ argent?
2) Tu veux __________ bière?
3) Je n'aime pas __________ thé.
4) Il n'y a pas __________ fille dans ma famille.

3. 적절한 소유 형용사를 넣으시오.

1) Vous habitez avec __________ parents?
2) Ils prennent __________ voiture pour aller au travail.
3) C'est la voiture de Paul? C'est __________ voiture?
4) C'est l'amie de Marie? C'est __________ amie?

4. 프랑스어로 옮기시오.

1) 정원에 꽃이 많이 있다. (il y a)
2) 폴은 마리에게 이야기하고 있다. (être en train de)
3) 이 사람은 누구입니까?
4) 너희 부모님은 매우 친절하신 것 같다. (avoir l'air)
5) 나는 사촌이 몇 명 있다. (quelques)

Leçon 5

Rendez-vous

- **2**군 동사
- 직접목적보어
- 날씨 표현
- 요일 말하기

Rendez-vous

Bruno : Qu'est-ce que tu fais ce week-end?

Isabelle : Ce week-end? Euh... samedi, je vais chez Paul. Ses parents m'invitent à déjeuner avec eux. Mais dimanche... je ne sais pas encore. Pourquoi?

Bruno : Il y a une exposition très intéressante au Musée Rodin, et elle finit ce dimanche. Tu veux aller la voir avec moi?

Isabelle : Ah oui, avec plaisir!

Bruno : Super! Et s'il fait beau, on peut aussi faire une promenade.

Isabelle : Quelle bonne idée! Mais pas trop tôt le matin, parce que je fais la grasse matinée le dimanche.

Bruno : Pas de problème. Alors rendez-vous à 15 heures devant le musée, ça va?

Isabelle : Oui, c'est parfait!

Bruno : Bon alors, à dimanche!

Isabelle : Salut, Bruno!

Vocabulaire 어휘

faire	[동사]	하다, 만들다
ce	[지시형용사]	이/그/저, (시간 명사 앞에서) 이번 [남성단수 2형은 cet, 여성단수형은 cette, 복수형은 ces]
week-end	[남성명사]	주말
samedi	[남성명사]	토요일
parents	[남성명사]	[복수형] 부모
inviter	[동사]	[inviter qn à qc/동사원형] 초대하다
déjeuner	[동사]	점심식사를 하다
	[남성명사]	점심식사
avec	[전치사]	~와 함께, ~을 가지고
dimanche	[남성명사]	일요일
savoir	[동사]	알다
encore	[부사]	아직도, 여전히, (부정문에서) 아직
pourquoi	[의문부사]	왜
exposition	[여성명사]	전시회
intéressant(e)	[형용사]	재미있는, 흥미로운
musée	[남성명사]	박물관
finir	[동사]	끝나다, 끝내다
voir	[동사]	보다, 보이다 (동사활용 ☞ 7과)
plaisir	[남성명사]	기쁨, 즐거움
*avec plaisir		기꺼이
super	[형용사]	[구어] 멋진, 훌륭한 [여성형 불변]
si	[접속사]	만약 ~하면
beau	[형용사]	아름다운, (날씨가) 화창한 [남성단수 2형 bel, 여성단수형 belle, 남성복수형 beaux, 여성복수형 belles]

pouvoir	[동사]	[pouvoir + 동사원형] ~할 수 있다
on	[부정대명사]	1. 누군가
		2. (일반적인) 사람들
		3. [구어] 우리(=nous)
promenade	[여성명사]	산책
quel(le)	[감탄형용사]	얼마나 ~한, 굉장한, 엄청난
idée	[여성명사]	생각, 아이디어
trop	[부사]	너무
tôt	[부사]	일찍
matin	[남성명사]	아침
parce que	[접속사]	왜냐하면 ~이기 때문에
gras(se)	[형용사]	지방질의, 지방이 들어간, 뚱뚱한
matinée	[여성명사]	아침 나절
*faire la grasse matinée		늦잠을 자다
problème	[남성명사]	문제
rendez-vous	[남성명사]	만날 약속
heure	[여성명사]	시간, 시(時)
parfait(e)	[형용사]	완전한, 완벽한

Conjugaison 동사활용

faire

faire			
je	fais	nous	faisons
tu	fais	vous	faites
il/elle	fait	ils/elles	font

nous faisons[fəzɔ̃]의 -ai- 발음에 주의하자.

savoir

savoir			
je	sais	nous	savons
tu	sais	vous	savez
il/elle	sait	ils/elles	savent

pouvoir

pouvoir			
je	peux	nous	pouvons
tu	peux	vous	pouvez
il/elle	peut	ils elles	peuvent

Grammaire 문법

1. 2군 규칙동사

1) 2군 규칙동사는 원형이 -ir로 끝나며 현재형은 각 인칭에 대하여 -ir를 뺀 자리에 -is, -is, -it, -issons, -issez, -issent를 붙여 활용한다.

finir			
je	fin**is**	nous	fin**issons**
tu	fin**is**	vous	fin**issez**
il/elle	fin**it**	ils/elles	fin**issent**

2) 2군 동사의 다른 예 : choisir, réussir, grandir...

-ir로 끝나는 모든 동사가 2군 규칙동사인 것은 아니다. venir, servir 등과 같이 3군 불규칙 동사에 속하는 것들도 있다.

2. 지시형용사 ce

1) 형태

<table>
<tr><th></th><th>남 성</th><th>여 성</th></tr>
<tr><td rowspan="2">단수</td><td>ce</td><td rowspan="2">cette</td></tr>
<tr><td>cet</td></tr>
<tr><td>복수</td><td colspan="2">ces</td></tr>
</table>

모음이나 무음 h로 시작하는 남성명사 단수형 앞에서는 ce 대신 남성단수 2형 cet를 사용한다.

ce livre	(남성단수)
cet homme, cet arbre	(남성단수 2형)
cette photo	(여성단수)
ces livres, ces hommes, ces arbres, ces photos	(복수)

2) 용법

- 특정 대상을 지시하여 '이/그/저 ~' 라는 뜻으로 사용된다.

J'aime ce livre.
Je préfère cette voiture.

- 지시형용사가 시간을 나타내는 명사 앞에 놓이면 가까운 시간을 지칭하여 '오늘/이번/올 ~' 등의 뜻으로 쓰인다.

ce matin, cet après-midi, ce soir, cette nuit
ce dimanche, cette semaine, ce mois, cette année

3. 직접목적보어 인칭대명사

1) 형태

	단 수	복 수
1 인칭	me	nous
2 인칭	te	vous
3 인칭	le/la	les

모음이나 무음 h 앞에서 me → m', te → t', le/la → l'로 축약된다.

Je t'aime.
Nous l'adorons.

2) 고유명사 혹은 <정관사/소유형용사/지시형용사 + 명사> 형태의 직접목적보어를 대신한다.

Elle invite **Paul**.	→ Elle l'invite.
Elle regarde **la télévision.**	→ Elle **la** regarde.
Elle aime **mes amis.**	→ Elle **les** aime.
Elle aime **ces enfants.**	→ Elle **les** aime.

<부정관사/부분관사 + 명사> 형태의 표현은 직접목적보어 인칭대명사로 대신할 수 없다. (☞ 6과 중성대명사 en (1))

Elle invite des amis. → Elle les invite. (X)

3) 위치 : 동사 앞에 위치하며(긍정명령문의 경우는 제외), 부정문일 경우 ne보다는 뒤에 놓인다.

Roméo	**m'** **t'** **l'**	aime.	Juliette ne	**nous** **vous** **les**	aime pas.

4. aller + **동사원형** (1)

aller 다음에 동사원형이 올 경우 '~하러 가다'라는 뜻을 나타낼 수 있다.

Je vais voir une exposition au Musée Rodin.
Je vais acheter du pain.

이 의미는 이동의 뜻을 가지는 동사들에서 일반적으로 볼 수 있는 용법이다.

Paul vient me voir.

5. 강세형 인칭대명사 (2)

전치사 다음 또는 être 구문의 속사 위치에 인칭대명사를 써야 할 경우 강세형을 사용한다.

Paul vient dîner chez moi ce soir.
Tu travailles avec eux?
Je parle d'elle.
A : Qui est-ce? B : C'est moi.

6. 감탄문 (1) : Quel(le) + 명사!

quel은 의문사 용법 외에 감탄사 용법도 있다. <Quel + 명사!> 형태로 사용되며, 명사는 형용사의 수식을 받을 수 있다.

Quel courage!
Quel beau temps!
Quelle bonne idée!

7. 부정대명사 on

on은 주어로만 쓰이는 대명사로, 문맥에 따라 '누군가', '(일반적인) 사람들', '우리' 등 다양한 뜻으로 해석된다. 특히 구어체에서는 nous를 대신하여 빈번히 사용되는데, 어떤 의미로 쓰이더라도 뒤따르는 동사는 항상 3인칭 단수형, 즉 il/elle과 동일한 형태로 활용한다.

1) '누군가'

On frappe à la porte.
On vous demande au téléphone.

2) '사람들'

On parle français en France.

3) '우리'

Qu'est-ce qu'on fait? (=Qu'est-ce que nous faisons?)

Expressions 표현

1. 수사 11-20

11	onze	12	douze
13	treize	14	quatorze
15	quinze	16	seize
17	dix-sept	18	dix-huit
19	dix-neuf	20	vingt

dix-huit, dix-neuf에서 dix는 [diz]로 발음된다.

2. 요일 표현

une semaine

lundi, mardi, mercredi, jeudi, vendredi, samedi, dimanche

Quel jour est-ce aujourd'hui? (= Quel jour sommes-nous aujourd'hui?)
Aujourd'hui, c'est mardi. (= Aujourd'hui, nous sommes mardi.)

1) 요일 명사 앞에 정관사 le를 붙이면 '매주 ~요일 마다'라는 뜻이 된다.

Je fais du vélo dimanche. ≠ Je fais du vélo le dimanche.

2) 요일 명사 앞에 전치사 à를 쓰면 '~요일에 보자'라는 뜻이 된다.

Au revoir, à samedi!

3. 날씨 표현

Quel temps fait-il?
Il fait beau/mauvais.
Il fait chaud/froid.
Il y a du vent.
Il y a des nuages.
Il neige.
Il pleut.

4. 이유의 표현 parce que

A : Pourquoi tu ne viens pas? B : Parce que je suis malade.

5. 조건의 si

Qu'est-ce que je fais si elle ne vient pas?
S'il fait beau, on va au parc.

6. 부정의 표현 ne ~ pas encore

Paul n'est pas encore là.
Je ne sais pas encore.

7. inviter qn à 동사원형

J'invite Paul à déjeuner chez moi.
Je vous invite à lire ce livre.

Exercices 연습문제

1. 주어진 동사를 알맞은 현재형으로 활용시키시오.

1) Mes vacances ______________ lundi. (finir)
2) On ______________ une promenade. (faire)
3) Nous ne ______________ pas encore. (savoir)
4) Paul ______________ venir ce soir. (pouvoir)

2. 밑줄 친 부분을 직접목적보어 인칭대명사로 바꾸어 문장을 다시 쓰시오.

1) Bruno prend ce livre.
2) Je n'aime pas beaucoup tes amis.
3) J'invite Isabelle au dîner.
4) Elle regarde la télévision.

3. 감탄의 뜻을 나타내도록 quel을 알맞은 형태로 넣으시오.

1) ______________ beau temps!
2) ______________ bonne idée!
3) ______________ vacances!
4) ______________ amis!

4. 프랑스어로 옮기시오.

1) 만일 날씨가 좋지 않으면 우리 박물관에 갈까? (si / il fait / on)
2) 폴은 이번 토요일에 우리 집에 온다. (chez / ce)
3) 저녁식사에 너를 초대하고 싶어. (vouloir / inviter à)
4) 내 아들은 열 아홉 살이다. (mon fils / ans)

Leçon 6

Faire les courses

- 간접목적보어
- 중성대명사 **en(1)**
- 가격 묻고 답하기
- 물건 주문하기

Faire les courses

(*A l'épicerie*)

L'épicier : Bonjour, mademoiselle, qu'est-ce que vous prenez?
Nicole : Un kilo de carottes et deux kilos de tomates, s'il vous plaît.
L'épicier : Les voilà, mademoiselle. Et avec ça?
Nicole : Les pommes, ça coûte combien?
L'épicier : 4 euros le kilo.
Nicole : Ah! C'est trop cher!
L'épicier : Oui, mais elles sont excellentes, mademoiselle, vous allez les aimer!
Nicole : J'en prends cinq cents grammes seulement. Je vous dois combien?
L'épicier : Et bien, un kilo de carottes, 2 euros, deux kilos de tomates, 4 euros 60, cinq cents grammes de pommes, 2 euros... ça fait 8 euros 60 en tout.
Nicole : Je peux payer par chèque?
L'épicier : Bien sûr, mademoiselle.

(*Chez le boulanger*)

Nicole : Bonjour monsieur, trois croissants, s'il vous plaît.
Le boulanger : Ah... je suis désolé, mais il n'y en a plus.
Nicole : Tant pis. Alors, pouvez-vous me donner une baguette?
Le boulanger : Voilà, mademoiselle. Vous désirez autre chose?

Nicole : Non, monsieur, c'est tout. Ça fait combien?

Le boulanger : Bon alors, 2 euros, mademoiselle.

Nicole : Voilà.

Le boulanger : Merci. Au revoir, mademoiselle.

Nicole : Au revoir, monsieur, bonne journée!

NOTE

Vocabulaire 어휘

épicerie	[여성명사]	식료품점, 식료품 판매(업)
épicier(ère)	[명사]	식료품점 주인
kilo	[남성명사]	킬로그램(=kilogramme)
carotte	[여성명사]	당근
tomate	[여성명사]	토마토
pomme	[여성명사]	사과
coûter	[동사]	값이 ~ 이다
combien	[의문부사]	(수량이) 얼마만큼, 얼마나
cher	[형용사]	1. 사랑하는, 소중한 2. 값비싼 [형용사의 여성형은 chère]
	[부사]	비싸게, 비싼 값을 치르고
trop	[부사]	너무, 지나치게, 과도하게
excellent(e)	[형용사]	훌륭한, 뛰어난, 탁월한
cent	[수사]	백[100], 100의
seulement	[부사]	단지, 오직
devoir	[동사]	[devoir qc à qn] 빚지고 있다, 지불해야[갚아야] 하다
tout	[부정대명사]	(단수·중성) 모든 것, 모든 일 (사물을 나타냄) (↔ rien)
payer	[동사]	돈을 치르다, 지불하다
carte	[여성명사]	(은행, 전화의) 카드
sûr(e)	[형용사]	확실한, 틀림없는
*bien sûr		물론
chez	[전치사]	~(의) 집에(서), ~(의)가게[상점, 사무실]에(서)
boulanger(ère)	[명사]	빵집주인
croissant	[남성명사]	초승달, 크루아상(초승달 모양의 빵)

désolé(e)	[형용사]	애석한, 유감스러운
tant pis		(유감스럽지만) 할 수 없지, 낭패로군
baguette	[여성명사]	막대기, 바게트(막대기 모양의 빵)
désirer	[동사]	원하다, 바라다
autre chose	[부정대명사]	다른 것

Conjugaison 동사활용

devoir

devoir			
je	dois	nous	devons
tu	dois	vous	devez
il/elle	doit	ils/elles	doivent

1군 규칙동사 변이형 (1)

payer처럼 -ayer로 끝나는 동사는 1/2/3인칭 단수와 3인칭 복수 형태에서 y가 i로 바뀔 수 있다.

payer			
je	paie/paye	nous	payons
tu	paies/payes	vous	payez
il/elle	paie/paye	ils/elles	paient/payent

Grammaire 문법

1. 간접목적보어 인칭대명사

1) 형태

	단 수	복 수
1 인칭	me	nous
2 인칭	te	vous
3 인칭	lui	leur

모음이나 무음 h 앞에서 me → m', te → t'로 축약된다.

2) <전치사 à + 사람 명사>를 대체하는 간접목적보어로 사용된다.

Elle parle à Paul. → Elle **lui** parle.
Elle donne des fleurs à Marie. → Elle **lui** donne des fleurs.
Elle téléphone à ses amis. → Elle **leur** téléphone.

3) 위치 : 동사보다 앞에 온다(긍정명령문의 경우는 제외).

Roméo	**me** **te** **lui**	téléphone.	Juliette	**nous** **vous** **leur**	téléphone.

4) 간접목적보어를 취하는 동사들 :

parler à / téléphoner à / donner à / écrire à / répondre à ...

2. 중성대명사 en (1)

1) 목적보어 위치에 있는 부정관사(un, une, des), 부분관사(du, de la, de l', des), 수량 표현 등을 동반한 명사를 대신한다.
2) 중성대명사 en은 성·수와 무관하게 명사를 대신한다.
3) 직접(간접)목적보어 인칭대명사와 마찬가지로 동사 직전에 놓인다.

A : Est-ce que tu as une sœur? B : Oui, j'**en** ai **une**.
A : Est-ce que tu as des frères? B : Oui, j'**en** ai **deux**.
A : Est-ce que tu as des enfants? B : Non, je **n'en** ai **pas**.

A : Faites-vous du vélo? B : Oui, j'**en** fais.
A : Faites-vous du jogging? B : Non, je **n'en** fais **pas**.

3. aller + 동사원형 (2) : 근접미래

가까운 미래의 일을 표현한다.

Je vais t'aider.
Alors, c'est vrai? Tu vas partir?
Il ne va pas prendre le train.

4. 의문사 combien

Combien vous dois-je?
Combien coûte une baguette en Corée?
A : Combien d'enfants avez-vous? B : J'en ai trois.

5. 대명사 tout

Tout va bien.
Je vais tout t'expliquer.

Expressions 표 현

1. 수사

20	**vingt**	**21**	**vingt et un**	**22**	**vingt-deux**
30	**trente**	**31**	**trente et un**	**32**	**trente-deux**
40	**quarante**	**41**	**quarante et un**	**42**	**quarante-deux**
50	**cinquante**	**51**	**cinquante et un**	**52**	**cinquante-deux**
60	**soixante**	**61**	**soixante et un**	**62**	**soixante-deux**
70	**soixante-dix**	**71**	**soixante et onze**	**72**	**soixante-douze**
80	**quatre-vingts**	**81**	**quatre-vingt-un**	**82**	**quatre-vingt-deux**
90	**quatre-vingt-dix**	**91**	**quatre-vingt-onze**	**92**	**quatre-vingt-douze**
100	**cent**	**101**	**cent un**	**102**	**cent deux**
200	**deux cents**	**201**	**deux cent un**	**202**	**deux cent deux**

1000	**mille**
10000	**dix mille**
100만	**un million**
10억	**un milliard**

1) vingt과 cent은 배수의 경우에는 -s를 붙이고, 뒤에 다른 숫자가 붙어 배수가 되지 않을 경우에는 -s를 붙이지 않는다.

trois cents (300)	quatre-vingts (80)
trois cent cinquante (350)	quatre-vingt-un (81)

2) mille은 복수형이 없다.

deux milles euros (X)　　deux mille euros (O)

3) million과 milliard는 수형용사가 아닌 명사이다. 따라서 앞에 한정사가 필요하며, 뒤에 나오는 명사를 직접 수식할 수 없어 전치사 de를 이용한다.

un million d'habitants
deux milliards de wons

2. 가격 표현

A : Ça coûte combien?
B : Ça coûte vingt euros.

A : Ça fait combien en tout?
B : Ça fait quatre-vingt-quinze euros.

A : C'est combien, les tomates?
B : Un euro le kilo.

A : Je vous dois combien?
B : Dix euros.

3. 물건 주문

Une baguette, s'il vous plait.
Pouvez-vous me donner une baguette?
Je voudrais une baguette.

4. ne ~ plus

Il ne fume plus.
Elle ne travaille plus.

5. devoir

1) devoir qc à qn : 누구에게 무엇을 빚지고 있다, 신세지고 있다
누구 덕택이다

Je dois mon succès à mes parents.
Il doit cinq mille euros à son père.

2) devoir + 동사원형 : 의무, 추측, 예정 (☞ 7과 참조)

Je suis fatigué, donc je dois dormir.

6. 기타 표현

Avec ça? — C'est tout.
Tant pis. / Tant mieux.

Exercices 연습문제

1. 주어진 동사를 알맞은 현재형으로 변화시키시오.

1) Je vous ___________ combien? (devoir)
2) Qu'est-ce que vous ___________? (prendre)
3) Ça ___________ 50 euros. (faire)
4) Vous ___________ autre chose? (désirer)

2. 다음 숫자를 프랑스어로 적으시오.

1) 43
2) 75
3) 250
4) 1200
5) 1380

3. 보기와 같이 간접목적보어를 사용하여 다음 물음에 답하시오.

[보기] A : Vous parlez à Julie? B : Oui, je lui parle.

1) Vous parlez à Paul et à Virginie?
2) Vous téléphonez à vos parents?
3) Tu demandes son adresse à son amie?
4) Tu fais des cadeaux à ta petite amie?
5) Ils posent des questions à Maxime?

4. **중성대명사 en을 사용하여 다음 물음에 답하시오.**

[보기] A : Katia boit du lait? B : Oui, elle en boit.
C : Non, elle n'en boit pas.

1) Tu manges souvent de la pizza?
2) Vous avez des amis en Corée?
3) Elles ont un chien?
4) Il a une voiture?
5) Il y a des carottes dans le frigo?

5. **프랑스어로 옮기시오.**

1) 바나나는 얼마입니까? (les bananes / coûter)
2) 수표로 계산할 수 있습니까? (payer)
3) 일요일마다 나는 장을 본다. (faire les courses)
4) 죄송합니다, 바게트는 더 이상 없습니다. (ne ~ plus)
5) 그는 곧 자기 집으로 돌아갈 것이다. (rentrer / chez)

Leçon 7

Mercredi, folle journée

- 대명동사
- 명령법
- 불규칙 형용사
- 시간 표현

Mercredi, folle journée

(*Chez Mme Dupont, un mercredi. Le téléphone sonne.*)

Allô? Ne quittez pas... une seconde, s'il vous plaît.

Les enfants, réveillez-vous...

Je vous écoute... Ah c'est toi, Simone! Excuse-moi, mais tu peux me rappeler plus tard? Là, je suis pressée. Je viens de me lever et je dois accompagner Catherine à l'école de danse et Jean-Paul à l'atelier de dessin. Attends, Simone! Excuse-moi un instant.

Jean-Paul, tu te lèves tout de suite et tu te laves! Catherine, tu arrêtes la télé. Attention, si tu manges trop de chocolat comme ça, tu vas avoir mal au ventre!

Oui, j'écoute... Oui, je suis là... à 14 heures... Tu passes prendre le café? D'accord. Mais, n'oublie pas, à 16 heures, je vais chercher les enfants à la piscine. C'est mercredi aujourd'hui. Je m'occupe des enfants toute la journée... D'accord, on se voit à 14 heures, Simone. À tout à l'heure!

Allez, les enfants, vite! Dépêchez-vous! Il est déjà huit heures et demie. Nous sommes en retard.

Vocabulaire 어휘

fou	[형용사]	미친, 몹시 흥분한, 들뜬, 무분별한 [남성단수 2형은 fol, 여성단수형은 folle]
journée	[여성명사]	(아침부터 저녁까지의) 하루, 낮 동안
téléphone	[남성명사]	전화, 전화기
sonner	[동사]	(종, 전화 따위가) 울리다
allô	[간투사]	여보세요
quitter	[동사]	그만두다, (전화를) 끊다
seconde	[여성명사]	(시간, 각도의) 초, 순간, 잠깐
se réveiller	[동사]	잠을 깨다, 깨어나다
écouter	[동사]	듣다, (~의 말에) 귀를 기울이다
excuser	[동사]	용서하다
rappeler	[동사]	다시 전화하다, 다시 부르다
tard	[부사]	늦게, 뒤에
*plus tard		나중에, 후에
pressé(e)	[형용사]	바쁜, 긴급한
se lever	[동사]	일어나다
accompagner	[동사]	동행하다, 함께 가다
école	[여성명사]	학교, 학원
danse	[여성명사]	춤, 무용
atelier	[남성명사]	아틀리에, 화실
dessin	[남성명사]	데생, 그림
attendre	[동사]	기다리다
instant	[남성명사]	순간, 현재
suite	[여성명사]	후속, 연속
*tout de suite		즉시, 지체 없이

se laver	[동사]	세수하다, 씻다
arrêter	[동사]	끄다, 중지하다
télé	[여성명사]	텔레비전(= télévision)
manger	[동사]	먹다
chocolat	[남성명사]	초콜릿
mal	[남성명사]	고통, 아픔
ventre	[남성명사]	배, 복부
oublier	[동사]	잊다
chercher	[동사]	찾아보다, 모색하다
piscine	[여성명사]	수영장, 풀
s'occuper	[동사]	[s'occuper de qn/qc] ~을 돌보다, 보살피다
se voir	[동사]	서로 만나다
vite	[부사]	빨리, 신속하게
se dépêcher	[동사]	서두르다
déjà	[부사]	이미, 벌써
demi(e)	[형용사]	절반의, 반의
retard	[남성명사]	늦음, 지각

Conjugaison 동사활용

→ attendre

attendre			
j'	attends	nous	attendons
tu	attends	vous	attendez
il/elle	attend	ils/elles	attendent

J'attends quelqu'un.
Le dîner vous attend.

→ manger

manger			
je	mange	nous	mangeons
tu	manges	vous	mangez
il elle	mange	ils/elles	mangent

-ger로 끝나는 1군 규칙동사는 1인칭 복수형에서 부정법의 g[ʒ]발음을 보존하기 위해 -e를 덧붙인다.

Qu'est-ce qu'on mange ce soir?
Nous mangeons trop.

lever

lever			
je	lève	nous	levons
tu	lèves	vous	levez
il/elle	lève	ils/elles	lèvent

lever, acheter 등의 동사는 1/2/3인칭 단수와 3인칭 복수 변화에서 어간의 e에 accent grave가 붙어 [ɛ]로 발음된다.

Levez les mains! [ləve]
Il lève son verre. [lɛv]

voir

voir			
je	vois	nous	voyons
tu	vois	vous	voyez
il/elle	voit	ils/elles	voient

Je veux te voir.
On se voit tous les jours.

Grammaire 문법

1. 대명동사

1) 대명동사는 동사가 보어 인칭대명사 se와 결합한 형태이다.
2) 문장 내에서 se는 동사와 마찬가지로 주어의 인칭과 수에 따라 변화한다.

3) 형태

se lever					
je	**me**	lève	nous	**nous**	levons
tu	**te**	lèves	vous	**vous**	levez
il/elle	**se**	lève	ils/elles	**se**	lèvent

me/te/se는 모음이나 무음 h 앞에서 m'/t'/s'로 축약된다.

Je m'appelle Hélène.
Tu t'habilles vite.

4) 대명동사의 의미

- 재귀적 대명동사

주어가 행한 동작이 다시 주어에게로 돌아오는 동사이다.

Je lave ma voiture.
Je me lave. (me = moi-même)

- 상호적 대명동사

주어가 행한 동작이 서로 상대방에게 미치는 동사로
주어는 복수이거나 복수의 개념을 갖는 것들이다.

Marie et moi, nous nous téléphonons tous les jours.
On se voit à quelle heure?

- 수동적 대명동사

수동의 의미를 나타낸다.

Le français se parle aussi en Suisse et en Belgique.
Ça se dit comment "bonjour" en coréen?

- 본질적 대명동사

Je m'en vais.

2. 긍정 명령문

1) tu, nous, vous에서 가능하다.
2) 직설법 현재의 평서문에서 주어를 생략한다.

Vous entrez. → Entrez!

3) 1군 동사의 2인칭 단수 어미 -es에서 -s는 탈락된다.

Tu fermes la porte. → Ferme la porte!

4) 불규칙동사 중에서도 aller, ouvrir 동사처럼 동사의 어미가 1군 동사와 같은 동사의 2인칭 단수에서도 -s가 탈락된다.

Tu vas à l'hôpital. → Va à l'hôpital!

5) 긍정 명령문에서 직접·간접목적보어는 trait-d'union(-)에 이끌려 동사 뒤에 놓인다. 이때, me, te는 각각 moi, toi로 바뀐다.

Vous m'excusez. → Excusez-moi!
Tu me donnes un cadeau. → Donne-moi un cadeau!

3. 부정 명령법

1) 평서문 부정형에서 주어를 생략한다.
2) 2인칭 단수 어미 -s가 탈락하는 원칙은 긍정 명령문의 경우와 같다.
3) 부정 명령문에서는 목적보어가 그대로 동사 앞에 붙는다.

Vous ne quittez pas. → Ne quittez pas!
Tu ne fais pas de bruit. → Ne fais pas de bruit!
Vous ne m'attendez pas. → Ne m'attendez pas!

4. 대명동사의 명령문

1) 대명동사의 긍정 명령문은 주어를 생략하고 동사 앞의 보어인칭대명사를 동사 뒤에 놓는다. 이때 te는 toi로 바뀐다.

Lève-toi!
Dépêchez-vous!
Lavons-nous!

2) 대명동사의 부정 명령문에서는 평서문의 순서와 같이 보어인칭대명사가 동사 직전에 놓인다.

Ne te lève pas trop tard!
Ne vous dépêchez pas!

5. venir de + **동사원형**

근접과거를 나타낸다.

Il vient de rentrer.
A : Est-ce que Martine est là? B : Non, elle vient de sortir.

6. **불규칙 형용사**

몇몇 형용사는 남성 단수형을 두 개 갖는다. 모음 또는 무음 h로 시작되는 남성 단수 명사 앞에서 제 2형을 갖기 때문이다. 이때 여성형은 남성 단수 제 2형에 자음을 반복한 후 e를 붙인다.

남성 단수		여성 단수	남성 복수	여성 복수
beau	bel	belle	beaux	belles
vieux	vieil	vieille	vieux	vieilles
nouveau	nouvel	nouvelle	nouveaux	nouvelles
fou	fol	folle	fous	folles

un beau jardin un bel homme une belle fille
un nouveau roman un nouvel élève une nouvelle voiture
un travail fou un fol espoir une folle journée

7. 형용사 tout

1) 형용사로 쓰이는 tout는 뒤에 오는 명사의 성과 수에 따라 변화한다.

	남성	여성
단수	tout	toute
복수	tous	toutes

2) 관사, 지시형용사, 소유형용사와 함께 쓸 때 이 요소들보다 앞에 온다.

- tout/toute + 단수 한정사 + 명사 : 온통, 통째로 (그 명사가 나타내는 개체 전체)

Ici, on travaille toute la journée.
Toute la ville connaît cette histoire.

- tous/toutes + 복수 한정사 + 명사 : 모든

On apprend tous les jours.

Expressions 표 현

1. 시간 표현

1) Il est + 시각

Il est une heure.
Il est une heure dix.
Il est une heure **et quart.** (=une heure quinze)
Il est une heure **et demie.** (=une heure trente)
Il est deux heures **moins le quart.**
Il est deux heures **moins** dix.

A : Tu as rendez-vous à quelle heure?
B : À quatre heures.

2) 시각을 묻는 표현

Quelle heure est-il?
Vous avez l'heure?

3) le matin / l'après-midi / le soir

cinq heures du matin six heures de l'après-midi
sept heures du soir

4) minuit / midi

Il est midi.
Il est minuit.

2. 날짜와 달의 표현

1) 열두 달

douze mois

janvier, février, mars, avril, mai, juin,
juillet, août, septembre, octobre, novembre, décembre

2) 날짜 표현

- le + (jour) + 기수 + 월
- 주어와 동사는 c'est, on est, nous sommes를 쓸 수 있다.
- 매월 1일의 경우에는 서수를 사용한다.

A : On est le combien aujourd'hui?
Quel jour du mois est-ce aujourd'hui?

B : Aujourd'hui, c'est le trois février.
C'est aujourd'hui le premier avril.
Nous sommes le quatorze juillet.
Nous sommes le mardi trois mai.

le mardi trois (O) / mardi le trois (X)

3. 전화 표현

A : Allô? Qui est à l'appareil?
B : C'est Paul.

A : Est-ce que Barbara est là?
(=Est-ce que je peux parler à Barbara, s'il vous plaît?)

B : Ne quittez pas, je vous la passe.
Je suis désolé(e), mais elle n'est pas là.
Elle est déjà en ligne.

4. avoir mal

avoir mal à + 정관사 + 신체부위 명사 : ~가 아프다.

J'ai mal	au ventre. à la tête. aux dents.	배가 아프다 머리가 아프다. 이가 아프다.

5. devoir + **동사원형 : 의무, 추측, 예정**

Tu es trop mince. Tu dois manger.
Il doit faire froid dehors.
Le train doit arriver dans dix minutes.

Exercices 연습문제

1. 주어진 동사를 알맞은 현재형으로 변화시키시오.

1) Je t' __________ ici. (attendre)
2) On __________ devant le cinéma? (se voir)
3) Nous __________ trop de viande. (manger)
4) Tu ________ tout de suite. (se lever)
5) Sophie est en retard. Mais elle ne ____________ pas. (se réveiller)

2. 다음 문장을 명령문으로 고쳐 쓰시오.

1) Tu arrêtes de chanter.
2) Tu ne finis pas tout de suite.
3) Vous me donnez ce livre.
4) Les enfants, vous vous réveillez.
5) Vous ne faites pas d'erreurs.

3. 다음 단어를 순서대로 맞추어 문장을 만드시오.

1) vient / il / de / sortir
2) acheter / nous / venons / une / d' /nouvelle / voiture
3) regarder / je / vais / film / le / aller
4) va / rester / on / ne / pas / longtemps

4. tout의 알맞은 형태를 쓰시오.

1) Je pense à toi ____________ les jours.
2) Tu dois travailler ____________ la journée.
3) Elle sort ____________ les nuits.
4) ____________ le monde veut prendre sa place.

5. 프랑스어로 옮기시오.

1) 지금 몇 시입니까?
2) 아침 7시 반이다.
3) 수요일마다 나는 아이들을 돌본다. (s'occuper de)
4) 오늘은 5월 5일 목요일이다.
5) 사탕을 너무 많이 먹으면 이가 아플 거야.
(bonbon / mal aux dents)

NOTE

Leçon 8

Demander son chemin

- 단순미래
- 중성대명사 y
- 서수사
- 길 묻기 / 길 안내하기

Demander son chemin

Éric : Excusez-moi, vous êtes du quartier?

Une dame : Oui, j'habite ici depuis dix ans.

Éric : Alors, vous connaissez sans doute la rue Fontaine?

La dame : Bien sûr, je la connais, la rue Fontaine. D'ici, il faut dix minutes à pied.

Éric : Ah, pouvez-vous me dire comment je peux y aller, s'il vous plaît?

La dame : C'est très simple. Vous voyez la boulangerie là-bas?

Éric : Oui, madame.

La dame : Bon, alors vous allez jusqu'à la boulangerie et vous prenez la première rue à gauche.

Éric : La première rue à gauche, oui.

La dame : Bon, alors après, vous continuez tout droit et vous verrez un feu rouge.

Éric : Un feu rouge, oui.

La dame : Là, il faudra tourner à droite et vous verrez une place.

Éric : Une place, oui.

La dame : C'est la place Blanche, je la connais bien. J'y vais presque tous les jours.

Éric : D'accord. Et qu'est-ce que je fais après?

La dame : La rue Fontaine, elle est là, juste en face de la place.

Éric : Ah bon? Ce n'est pas loin alors...

La dame : Vous cherchez quel numéro?

Éric : Je vais chez le docteur Moreau, c'est au 18.

La dame : Le docteur Moreau? Je le connais bien. C'est au troisième étage.

Éric : Merci beaucoup, madame.

La dame : Je vous en prie, monsieur, bonne journée!

Vocabulaire 어휘

chemin	[남성명사]	길, 도로
quartier	[남성명사]	(도시의) 구역, 지구
depuis	[전치사]	~이래로, ~이래
connaître	[동사]	알다, 친분이 있다
doute	[남성명사]	의심, 의혹
*sans doute		아마, 어쩌면
rue	[여성명사]	거리, 길, 가(街), 로(路)
ici	[부사]	여기에(서)
falloir	[동사]	필요하다, ~해야 한다
minute	[여성명사]	(시간의) 분, 잠시, 잠깐
pied	[남성명사]	발, 걸음걸이
*à pied		걸어서
dire	[동사]	말하다
y	[중성대명사]	거기에
simple	[형용사]	단순한
boulangerie	[여성명사]	빵 가게, 빵집
là-bas	[부사]	저기에(서), 그곳에(서)
premier(ère)	[수사]	최초(의), 첫 번째(의)
gauche	[여성명사]	왼쪽, 좌측
après	[부사]	후에, 나중에
droit	[부사]	똑바로, 일직선으로
feu	[남성명사]	불, 신호등
rouge	[형용사]	붉은색의
tourner	[동사]	돌다, 회전하다
droite	[여성명사]	오른쪽
place	[여성명사]	광장

presque	[부사]	거의, 대부분
juste	[부사]	바로, 꼭
face	[여성명사]	얼굴, 앞면, 정면
loin	[부사]	멀리
numéro	[남성명사]	번호, 번지
troisième	[수사]	세 번째(의)
étage	[남성명사]	(건물의 2층 이상의) 층, 단
prier	[동사]	[prier qn de + 동사원형] 간청하다, 부탁하다.
*Je vous en prie.		(상대방의 감사표시에 대한 답으로) 천만의 말씀입니다.

Conjugaison 동사활용

connaître

connaître			
je	connais	nous	connaissons
tu	connais	vous	connaissez
il/elle	connaît	ils/elles	connaissent

Tu connais son adresse e-mail?
Il connaît bien cette ville.

dire

dire			
je	dis	nous	disons
tu	dis	vous	dites
il/elle	dit	ils/elles	disent

Je dis la vérité.
Dites bonjour à la dame!
Il me dit des mensonges.

Grammaire 문법

1. 단순미래

1) 규칙 변화형

- 프랑스어 동사의 미래시제 형태는 원칙적으로 그 동사의 원형을 어간으로 취하여 아래와 같은 미래시제 어미를 붙임으로써 만들어진다.

동사원형 +	-ai
	-as
	-a
	-ons
	-ez
	-ont

habiter	
j'habiter**ai** tu habiter**as** il/elle habiter**a**	nous habiter**ons** vous habiter**ez** ils/elle habiter**ont**

발음에 유의

- 1군 동사의 미래시제에서 어미 -er는 [e]로 발음되지 않는다.

  habiter [a bi te]
  habiterai [a bi t(ə) ʀɛ]

- 동사원형이 -r로 끝나지 않고 -re로 끝나는 경우 e를 떼고 위의 어미를 붙인다.

  dire → je dirai
  prendre → je prendrai

2) 불규칙 미래 어간

- 몇몇 주요 동사들은 미래시제 어간으로 동사원형 대신 불규칙 어간을 취한다.

être	je **ser**-ai
avoir	j'**aur**-ai
aller	j'**ir**-ai
venir	je **viendr**-ai
faire	je **fer**-ai
voir	je **verr**-ai
vouloir	je **voudr**-ai
falloir	il **faudr**-a

Quand je serai grand comme papa, je n'irai plus à l'école.
Je voyagerai dans le monde.
On verra.

2. 중성대명사 y

1) de를 제외한 <장소 전치사 + 명사>를 대신하여 부사적으로 사용된다.

Passez chez moi à 5 heures, j'**y** serai. (= chez moi)
A : Vous allez en France? B : Oui, j'**y** vais dans huit jours.
(= en France)

2) <전치사 à + 사물명사>를 대신한다.

A : Tu penses à tes vacances? B : Oui, j'**y** pense.
C : Non, je n'**y** pense pas.

3. Il faut + 동사원형

1) falloir 동사는 비인칭 주어 il과 함께 항상 3인칭 단수로만 쓰인다.

2) Il faut + 동사원형 : ~해야 한다

Il faut partir maintenant.
Aujourd'hui, il faut fêter ça.
Il ne faut pas fumer dans cette salle.

3) Il faut + 시간표현 + pour + 동사원형 : ~하는 데 시간이 ~만큼 필요하다.

Il faut une heure pour y aller.

Il faut 구문에서 동사원형의 의미상의 주어는 문맥에 따라 결정되지만, 주어를 명시할 경우에는 간접목적보어 형태를 사용한다.

Il **lui** faut une heure pour s'habiller.

4. **의문사** où

A : Où vas-tu? B : Je vais à Paris.
A : Où est Charlie? B : Il est là, derrière toi.

Expressions 표현

1. 서수

1) 기수 + -ième

troisième, septième, dixième

Le bureau est au troisième étage.

다음의 경우에는 약간의 변화가 있다.

quatre	→	quatrième
cinq	→	cinq**u**ième
neuf	→	neu**v**ième

2) 특수한 경우

un	→	premier(première)
deux	→	deux**ième** ou **second(e)**

Nous sommes le premier avril.
Je suis en deuxième année de français.
Il n'aime pas voyager en seconde classe.

2. 교통수단의 표현

1) 교통수단을 나타낼 때는 <en + 무관사 명사> 형태로 표현한다.

Il vient en voiture.
en avion.
en train.
en métro.

2) pied, vélo, bicyclette, moto의 경우는 <à + 무관사 명사> 형태를 쓴다.

Il vient à pied.
à bicyclette.
à moto.

3. 위치나 길 묻기

A : Où est la Sorbonne, monsieur/madame?
Pour aller à la Sorbonne, s'il vous plaît?
Excusez-moi, mais je cherche la Sorbonne.
Pouvez-vous me dire où est la Sorbonne?

B : Désolé(e), je ne suis pas du quartier.
Vous allez / continuez tout droit jusqu'au feu.
Tournez à gauche / à droite.
Prenez la première rue à gauche.

droit와 droite를 혼동하지 않도록 주의하자.

tout droit :	똑바로, 일직선으로
à droite :	오른쪽에, 오른쪽으로

4. 시간 표현

1) depuis : 지속 중인 행위의 표현 (~부터 계속)

- depuis + 기간

J'habite ici depuis dix ans.

- depuis + 기점

J'habite ici depuis 2005.

2) dans : 현재부터 ~후에

Dans un an, nous irons en Europe.
Venez me voir dans huit jours.

5. 감사와 겸양의 표현

1) 감사

Merci (beaucoup/bien).
Je vous/te remercie.
Merci à vous/toi.
Merci de votre cadeau.
Merci pour le chocolat.

2) 겸양

De rien.

Ce n'est rien.
Je vous en prie.
Je t'en prie.

6. prier qn + de + **동사원형**

Je vous prie de m'excuser.
Je vous prie d'accepter, madame, monsieur, l'expression de mes sentiments respectueux.

NOTE

Exercices 연습문제

1. 주어진 동사를 알맞은 현재형으로 변화시키시오.

1) Il __________ son texte par cœur. (connaître)
2) Mademoiselle, qu'est-ce que vous __________? (dire)
3) Pour vivre ensemble, il __________ savoir aimer. (falloir)
4) Que __________-vous sur cette image? (voir)

2. 다음 문장을 단순미래 시제로 고쳐 쓰시오.

1) Je pars dans une semaine.
2) On voit le résultat.
3) Il fait beau demain.
4) Quand tu es grande, tu as beaucoup d'occasions de rencontrer des amis.
5) Il faut trouver une grande maison.

3. 보기와 같이 y를 사용하여 다음 물음에 답하시오.

[보기] A : Vous allez à la mer cet été?
B : Oui, j'y vais cet été.

1) Vous allez à la piscine le samedi?
2) Vous allez au bureau en métro?
3) Tu habites à Paris?
4) Tu vas en Italie en avion?
5) Tu penses à tes vacances?

4. **프랑스어로 옮기시오.**

1) 나는 비행기로 여행하는 것을 싫어한다. (voyager)
2) 그가 한국에 산 지 10년 되었다. (depuis)
3) 나는 파리를 잘 안다. (connaître)
4) 걸어서 거기까지 가려면 20분이 필요하다. (il faut / y)
5) 사무실은 2층에 있습니다. (bureau / premier)

NOTE

Leçon 9

Au restaurant

- 복합과거(1)(avoir+과거분사)
- 복합과거 부정문
- 사과하기 / 괜찮다고 말하기

Au restaurant

Le serveur :	Bonjour, mademoiselle, vous avez réservé?
Isabelle :	Non, monsieur, je n'ai pas réservé. Vous n'avez plus de table?
Le serveur :	Si. Pour combien de personnes?
Isabelle :	Pour une personne.
Le serveur :	Est-ce que cette table vous convient?
Isabelle :	Oui, merci.

(*Quelques minutes plus tard*)

Le serveur :	Vous avez choisi?
Isabelle :	Oui, je prends une salade de tomate comme entrée et le steak-frites comme plat.
Le serveur :	Bien. Et comme boisson?
Isabelle :	Un pot de vin rouge et une carafe d'eau.
Le serveur :	Je vous sers tout de suite.

(...)

Isabelle :	Monsieur, s'il vous plaît!
Le serveur :	Oui, mademoiselle.
Isabelle :	Ce steak n'est pas assez cuit et les frites sont froides.
Le serveur :	Je suis désolé, mademoiselle, vous avez raison. Je vais voir avec le chef.

(...)

Le serveur :	Voilà, mademoiselle.
Isabelle :	Que le service est long ici!
Le serveur :	Excusez-nous, mais il y a beaucoup de clients.

(*À la fin du repas*)

Le serveur :	Mademoiselle, vous prendrez un dessert?
Isabelle :	Non merci, pas de dessert. Je peux avoir un café et l'addition, s'il vous plaît?
Le serveur :	Pas de problème.

(...)

Isabelle :	Monsieur, pardon, je pense qu'il y a un problème dans l'addition!
Le serveur :	Oui?
Isabelle :	J'ai pris un seul café, pas deux!
Le serveur :	Ah, en effet, attendez... c'est une erreur, je vous prie de m'excuser!
Isabelle :	Ce n'est pas grave.

Vocabulaire 어휘

restaurant	[남성명사]	음식점, 식당
réserver	[동사]	예약하다
table	[여성명사]	테이블, 식탁
si	[부사]	(부정의 물음에 대한 긍정의 답) 아니오 [그렇소]
convenir	[동사]	[convenir à qn] ~의 마음에 들다
choisir	[동사]	고르다, 선택하다
salade	[여성명사]	샐러드
comme	[전치사]	~처럼(비교), ~로서(자격)
entrée	[여성명사]	전채 요리
steak	[남성명사]	스테이크
frites	[여성명사]	(흔히 복수) 감자튀김
*steak-frites		감자튀김을 곁들인 스테이크
plat	[남성명사]	요리, 접시
boisson	[여성명사]	음료
pot	[남성명사]	단지, 술병
vin	[남성명사]	포도주
carafe	[여성명사]	물병
*une carafe d'eau		물 한 병
servir	[동사]	[servir qn] ~를 맞다(시중들다)
tout de suite		즉시, 당장
assez	[부사]	충분히
cuit(e)	[형용사]	익힌, 구운
froid(e)	[형용사]	차가운, 추운, (음식을) 가열하지 않은
raison	[여성명사]	이성, 이유
*avoir raison		옳다, 이치에 맞다

chef	[남성명사]	우두머리, 책임자, 지도자
*chef de cuisine		주방장
service	[남성명사]	서비스, 봉사
long(ue)	[형용사]	긴, 오래 걸리는
client(e)	[명사]	손님, 고객
fin	[여성명사]	끝
repas	[남성명사]	식사
dessert	[남성명사]	디저트
addition	[여성명사]	계산서
pardon	[남성명사]	용서
penser	[동사]	[penser que + 보족절] ~하다고 생각하다
effet	[남성명사]	결과, 효과, 효력
*en effet		사실, 실제로
erreur	[여성명사]	잘못, 실수
grave	[형용사]	중대한, 심한

Conjugaison 동사활용

convenir

convenir			
je	conviens	nous	convenons
tu	conviens	vous	convenez
il/elle	convient	ils/elles	conviennent

plaire

plaire			
je	**plais**	**nous**	**plaisons**
tu	**plais**	**vous**	**plaisez**
il/elle	**plaît**	**ils/elles**	**plaisent**

Grammaire 문법

1. 복합과거(1) : 조동사 avoir + 과거분사

1) 일상에서 가장 많이 쓰이는 과거 시제로 이미 동작이 완료되었음을 표현한다.

- 형태 : 조동사 avoir의 현재형 + 과거분사

J'ai réservé une chambre pour une personne.
Qu'est-ce que tu as fait hier soir?
Elle a visité beaucoup de pays.
Est-ce que vous avez fini?

2) 과거분사 만드는 법

- 1군 동사는 동사원형에서 -er를 떼고 -é를 붙인다.
- 2군 동사는 동사원형에서 -ir를 떼고 -i를 붙인다.
- 3군 동사의 과거분사형은 불규칙하다.

(1군 동사)	parler → parlé	aimer → aimé
(2군 동사)	finir → fini	choisir → choisi
(3군 동사)	être → été	avoir → eu
	dire → dit	faire → fait
	répondre → répondu	pouvoir → pu

2. 복합과거의 부정문

복합과거 부정문은 조동사 앞에 ne, 조동사 뒤에 pas를 붙여 만든다.

Tu n'as pas répondu.
Je ne lui ai pas téléphoné.
Est-ce que vous n'avez pas fait vos devoirs?
Elle n'a pas encore choisi.

3. 감탄문(2) : Que + 문장!

Qu'il fait beau!
Que la vie est belle!
Que tu es grand!

4. 부정의문문에 대한 대답 Si

A : Vous n'avez pas faim?
B : Si, j'ai faim. / Non, je n'ai pas faim.

A : Tu n'aimes pas ce film?
B : Si, je l'aime beaucoup. / Non, je ne l'aime pas.

Expressions 표 현

1. 사과하기 / 괜찮다고 말하기

Excusez-moi.
Excuse-moi de te déranger.
Pardon!
Je suis désolé(e).

Ce n'est pas grave.
Pas de problème.
Ce n'est rien.

2. que절

J'espère que vous partez tout de suite.
Je pense que vous m'avez compris.

3. avoir + 무관사 명사

avoir faim / soif / raison / tort / chaud / froid / peur / mal

J'ai mal à la tête.
J'ai très peur.
Tu vas avoir froid.

4. convenir à qn

Ça te convient?
Cette chambre me convient beaucoup.

Si le manteau ne vous convient pas, vous pouvez venir l'échanger.

5. servir qn

Il faut servir les clients.
Je suis prêt à servir mes amis.

Exercices 연습문제

1. 주어진 동사를 알맞은 현재형으로 변화시키시오.

 1) Est-ce que cette robe vous ________? (convenir)
 2) On vous __________? (servir)
 3) Je vous __________ depuis longtemps. (attendre)
 4) Tu __________ partir maintenant. (pouvoir)
 5) Cette robe, ça vous __________? (plaire)

2. 다음 문장을 복합과거로 바꾸시오.

 1) Il réserve une chambre.
 2) Vous prenez un café.
 3) Elle parle avec ses parents.
 4) Nous ne visitons pas la France.
 5) Je ne lui dis pas non.
 6) Tu ne réponds pas.

3. 다음 빈칸에 알맞은 전치사를 넣으시오.

 1) Je prends un jus d'orange __________ boisson.
 2) Cette voiture me plaît. __________ effet, elle est rapide et confortable.
 3) Je vous prie __________ l'excuser!
 4) Excusez-moi __________ être en retard.
 5) J'ai réservé une table __________ deux personnes.

4. 프랑스어로 옮기시오.

1) 이 방은 내 마음에 든다. (convenir)
2) 디저트로 뭘 드실래요? (prendre / dessert)
3) 나는 잘 익힌 고기를 좋아합니다. (la viande / bien cuit)
4) 누가 옳은가요? (avoir raison)
5) 손님이 거의 없다. (il y a / peu de)
6) 계산서 좀 갖다 주세요. (l'addition)

NOTE

Leçon 10

Messages personnels

- 복합과거(2) (être+과거분사)
- 중성대명사 en(2)
- 편지 형식 익히기

Messages personnels

A

Madame, monsieur,

Vendredi 31 octobre

Votre fils Léo arrive en retard tous les jours à l'école et il ne veut pas du tout travailler ; si la maîtresse ne reste pas à son côté, il ne fait rien. Je souhaite vous rencontrer pour en parler.

Je vous propose un rendez-vous mardi prochain à 17 heures. Vous pouvez me joindre au 06 14 26 67 98.

Merci, la directrice

B

Cher Père Noël,

Tu seras gentil si tu m'apportes : un chien, un vélo, une grosse voiture rouge, des jeux-vidéo.

C'est tout. Je t'embrasse.

Charles

C

Je suis vraiment désolée de te dire ça, mais je ne suis plus amoureuse de toi. Tu es quelqu'un de bien, donc je ne veux pas te mentir. J'espère que tu trouveras vite quelqu'un d'autre et que tu pourras me pardonner.

Emma

D

Orléans, le 8 décembre

Mon cher Pierre,

Papa et moi, nous sommes rentrés hier de nos vacances à Nice. Nous avons passé de très bons moments là-bas. Je suis tombée amoureuse de cette ville magnifique. Nous y reviendrons certainement la prochaine fois avec toi.

Inutile de te dire que je pense à toi sans cesse.

Gros bisous.

Maman

Pierre Montand

22 rue du Chat

59000 Lille

Vocabulaire 어휘

message	[남성명사]	전언, 전갈, 메시지
personnel(le)	[형용사]	사적인, 개인적인
fils	[남성명사]	아들
arriver	[동사]	도착하다
si	[접속사]	~한다면, ~할 때마다
maître(sse)	[명사]	선생님
rester	[동사]	남다, 그대로 있다, 머무르다
côté	[남성명사]	옆, 측면
*à côté de qn/qc		~의 곁에
rien	[부정대명사]	아무것도
souhaiter	[동사]	[souhaiter + 동사원형] ~하기를 바라다
rencontrer	[동사]	만나다, 마주치다
parler	[동사]	[parler de + qn/qc] ~에 대해 말하다
proposer	[동사]	[proposer qc à qn] ~에게 ~을 제안하다
prochain(e)	[형용사]	다음의, 돌아오는
joindre	[동사]	만나다
*joindre qn par téléphone		~와 전화통화하다
père Noël	[남성명사]	산타클로스
chien(ne)	[명사]	개
gros(se)	[형용사]	굵은, 뚱뚱한, 많은, 커다란
voiture	[여성명사]	자동차
jeux-vidéo	[남성명사]	(복수) 비디오 게임
embrasser	[동사]	껴안다, 포옹하다, 입맞추다
vraiment	[부사]	정말로, 참말로, 사실
amoureux(se)	[형용사]	사랑하는, 다정한
quelqu'un	[부정대명사]	누군가, 어떤 사람

bien	[형용사]	좋은
donc	[접속사]	따라서, 그러므로
mentir	[동사]	[mentir à qn] ~에게 거짓말하다
espérer	[동사]	희망하다, 기대하다, 바라다
pardonner	[동사]	[pardonner à qn] ~를 용서하다
autre	[형용사]	다른
bisou	[남성명사]	뽀뽀
papa	[남성명사]	아빠
vacances	[여성명사]	(복수형) 휴가, 방학
passer	[동사]	(시간을) 보내다
là-bas	[부사]	그곳에서
tomber	[동사]	떨어지다, 쓰러지다
*tomber amoureux de qn/qc		~와 사랑에 빠지다
ville	[여성명사]	도시
magnifique	[형용사]	굉장한
revenir	[동사]	돌아오다
certainement	[부사]	틀림없이
fois	[여성명사]	번, 회
*la prochaine fois		다음 번에
inutile	[형용사]	소용없는
*(C'est) Inutile de + 동사원형		~하는 것은 소용없다
penser	[동사]	[penser à qn/qc] ~에 대해 생각하다
cesse	[여성명사]	중지, 중단
*sans cesse		끊임없이
maman	[여성명사]	엄마

Conjugaison 동사활용

espérer

espérer			
j'	espère	nous	espérons
tu	espères	vous	espérez
il/elle	espère	ils/elles	espèrent

mentir

mentir			
je	mens	nous	mentons
tu	mens	vous	mentez
il/elle	ment	ils/elles	mentent

Grammaire 문법

1. **복합과거**(2) (être + **과거분사**)

1) 모든 타동사와 대부분의 자동사가 avoir를 조동사로 복합과거를 만드는 반면, 다음에 제시된 것과 같은 일부 자동사는 être를 조동사로 복합과거를 만든다.

- 이동의 의미를 갖는 일부 자동사 : aller, venir, passer, partir, arriver, sortir, entrer, rentrer, revenir, monter, descendre, tomber, rester 등

- devenir, naître, mourir

2) 이때 과거분사는 주어의 성과 수에 일치한다.

Il **est devenu** professeur.
Elle **est allée** à l'école.
Ils **sont partis** il y a une semaine.
Elles **sont arrivées** hier à Paris.

동일한 형태의 동사도 타동사로 쓰일 경우에는 avoir를 조동사로 복합과거를 만든다.

Il **est passé** chez moi.
Il **a passé** ses vacances à Paris.

2. **관사의 변형** de

복수형에서 형용사가 명사 앞에 올 때, 즉 <관사 + 형용사 + 명사>의 순으로 나올 경우 부정관사 des가 de로 바뀐다.

J'ai **des** amis. → J'ai **de** jeunes amis.
Il a vu **des** films → Il a vu **de** bons films

<명사 + 형용사>의 순서일 때는 관사의 형태가 변하지 않는다.

Elle a **des** livres intéressants.

3. **중성대명사** en(2)

전치사 de + 명사구 / 동사원형을 대신한다.

Il parle du film. → Il **en** parle.
Il ne prend pas de café au petit-déjeuner. → Il n'**en** prend pas.
J'ai besoin de cette table. Vous n'**en** avez pas besoin?
Voilà la voiture. Tu **en** as la clef? (= de la voiture)

A : Es-tu passé à la poste?
B : Oui, j'**en** viens. (= de la poste)
A : Êtes-vous sûr **de venir?**
B : Oui, j'**en** suis sûr.
A : Est-ce que tu fais **du jogging**?
B : Oui, j'**en** fais de temps en temps.

4. 부사 만들기

1) 원칙적으로 <형용사 여성형 + -ment>으로 만들어진다.

lent → lentement
vif → vivement

2) -i, -é, -u로 끝나는 형용사의 경우에는 남성형에 -ment을 붙여 만든다.

vrai → vraiment
absolu → absolument

3) -ent, -ant로 끝나는 형용사는 -emment, -amment이 된다.

violent → violemment
suffisant → suffisamment

이때 -emment, -amment의 발음은 둘 다 [amɑ̃]이 된다.

Expressions 표 현

1. 편지 형식 익히기

1) 날짜 : 편지지 오른쪽 제일 위에 쓴다. 편지를 쓴 장소나 도시명과 함께 날짜를 쓰지만 친근한 편지에서는 특별한 형식을 갖추지 않아도 된다.

Paris, le 31 octobre 2010
vendredi 31 octobre

2) 호칭 : 편지 내용을 쓰기 시작할 때 글머리에 상대의 호칭을 쓴다. 친한 사이에는 친근감을 표현하기 위해 cher/chère를 앞에 붙인다.

Monsieur,	Madame,	Mademoiselle,
Cher monsieur,	Chère madame,	Chère(s) amie(s)
Mon cher papa,	Ma chère amie,	Salut Anne,

3) 끝인사 : 편지 내용을 다 쓴 후에는 일반적으로 관용화된 끝맺음 인사 표현을 사용한다. 가까운 사이에서는 '포옹'이나 '입맞춤' 등의 표현을 쓰기도 한다.

Je vous remercie d'avance.
Merci d'avance.
Dans l'attente de votre réponse,

Veuillez agréer, monsieur, l'expression de mon respectueux dévouement.
Je vous prie, monsieur, d'agréer [=de bien vouloir agréer] l'expression de mes sentiments dévoués.

Je t'embrasse (bien) [affectueusement].
Grosses bises.

2. 부정대명사 rien

부정대명사 rien이 사용되면 부정의 표현 ne ~ pas에서 pas가 생략된다.

복합시제에서 rien은 조동사와 과거분사 사이에 놓인다.

Elle ne sait rien.
Je n'ai rien vu.

3. ne ~ pas du tout

이때 du tout는 강조를 표현한다.

Je n'aime pas du tout les enfants.
Ce n'est pas du tout intéressant.
A : Est-ce qu'elle est contente? B : Non, pas du tout.

4. quelqu'un / quelque chose / rien / personne + de + 형용사

형용사가 부정대명사를 수식할 때는 부정대명사와 형용사 사이에 de가 삽입된다.

C'est quelqu'un **d**'intéressant.
Il y a quelque chose **de** bizarre.
Il n'y a rien **de** nouveau dans le journal.
Je ne veux voir personne **d**'autre.

5. **형용사** + de + **동사원형**

Je suis désolé(e) de vous déranger.
Elles sont contentes de vous voir.

6. **접속사** si (~할 때마다)

S'il pleut, je prends mon parapluie.
S'il fait beau, il se promène dans le jardin.

7. espérer

1) espérer + 명사

J'espère votre succès.
Il espère un miracle.

2) espérer + 동사원형

Il espère réussir.
J'espère vous voir bientôt.

3) espérer + que 절

J'espère qu'il va réussir.
Elle espère que son mari reviendra.

Exercices 연습문제

1. 주어진 동사를 알맞은 현재형으로 변화시키시오.

   1) Il ne ________ pas du tout travailler. (vouloir)
   2) La directrice ne __________ rien. (faire)
   3) C'est tout. Je t'__________. (embrasser)
   4) Son fils ________ un cadeau. (espérer)
   5) Il ________ toujours. (mentir)

2. 주어진 동사를 알맞은 복합과거형으로 변화시키시오.

   1) Elles __________ hier de leurs vacances à Nice. (rentrer)
   2) Je(J') __________ mes vacances en France. (passer)
   3) Ils __________ amoureux de cette fille. (tomber)
   4) Elle __________ toute seule. (partir)
   5) Elles __________ à la maison. (rester)

3. 중성대명사 en을 이용하여 대화를 완성하시오.

   1) A : Est-ce qu'elle joue du piano de temps en temps?
      B : Oui, ____________________
   2) A : Elle boit assez d'eau?
      B : Oui, ____________________
   3) A : Est-ce que tu viens de la piscine?
      B : Oui, ____________________
   4) A : Est-ce qu'ils parlent souvent de leurs problèmes?
      B : Oui, ____________________
   5) A : Vous êtes satisfaits de votre nouvelle moto?
      B : Oui, ____________________

4. 다음 빈 칸에 y 또는 en을 넣으시오.

1) A : Tu vas à la fac? B : Oui, j'______ vais.
2) A : Tu viens du centre-ville? B : Oui, j'______ viens.
3) J'aime beaucoup Paris. Et j'_______ vais demain.
4) Je n'aime pas beaucoup les voitures. Pourtant, j'______ ai deux.
5) Tu ______ manges, toi, du pain?

4. 프랑스어로 옮기시오.

1) 오늘 기차가 늦게 도착한다. (en retard)
2) 나는 전혀 노래를 부르고 싶지 않다. (ne ~ pas du tout)
3) 그의 딸은 아무 것도 먹지 않았다. (sa fille / rien)
4) 다음주 월요일 오후 2시(=14시)에 만났으면 합니다. (proposer / un rendez-vous)
5) 그녀는 더 이상 나를 사랑하지 않는다. (ne ~ plus / amoureux)

NOTE

연습문제 정답

Leçon 1

1. 1) allez 2) vas 3) va 4) vont
2. 1) Vous, je 2) tu, toi 3) Vous 4) Ça
3. ⑤-①-③-②-④
4. 1) Bonjour, monsieur! 2) Au revoir! 3) Bonne journée!
   4) À tout à l'heure!

Leçon 2

1. 1) habitons 2) êtes 3) t'appelles 4) aiment
2. 1) le 2) l' 3) le 4) la
3. 1) est blonde 2) sont français 3) êtes curieux 4) sont actives
4. 1) japonais/japonais 2) italienne/italien 3) américains/anglais
   4) chinoises/chinois
5. 1) Je suis coréen(ne). 2) Ils parlent anglais.
   3) Il est grand. 4) Vous aimez l'opéra?

Leçon 3

1. 1) veux 2) travaillons 3) viennent 4) ont 5) vous appelez
2. 1) êtes 2) avez 3) sont 4) (J')ai
3. 1) La chambre n'est pas grande. 2) Je ne m'appelle pas Vincent.
   3) Je n'habite pas au centre-ville. 4) Ils n'ont pas huit ans.
4. 1) Êtes-vous mariée? / Es-tu mariée? 2) Avez-vous des enfants? / As-tu des enfants?
   3) Comment s'appelle-t-elle? 4) Quel âge ont-ils?
5. 1) J'ai trois amis français.
   2) Il vient de Paris.
   3) Elle a un petit sac rouge.
   4) Vous avez des pièces, s'il vous plaît? / Vous avez de la monnaie, s'il vous plaît?
   5) J'habite seul(e) dans un petit appartement.

Leçon 4

1. 1) préfères 2) buvons 3) prennent 4) sert
2. 1) de l' 2) de la 3) le 4) de
3. 1) vos 2) leur 3) sa 4) son
4. 1) Il y a beaucoup de fleurs dans le jardin. / Dans le jardin, il y a beaucoup de fleurs.
   2) Paul est en train de parler à Marie.
   3) Qui est-ce? 4) Tes parents ont l'air très gentils.
   5) J'ai quelques cousins.

Leçon 5

1. 1) finissent 2) fait 3) savons 4) peut
2. 1) Bruno le prend. 2) Je ne les aime pas beaucoup.
   3) Je l'invite au dîner. 4) Elle la regarde.
3. 1) Quel 2) Quelle 3) Quelles 4) Quels
4. 1) On va au musée s'il ne fait pas beau? / S'il ne fait pas beau, on va au musée?
   2) Paul vient chez moi[chez nous] ce samedi.
   3) Je veux t'inviter à[au] dîner.
   4) Mon fils a dix-neuf ans.

Leçon 6

1. 1) dois 2) prenez 3) fait 4) désirez
2. 1) 43 : quarante-trois 2) 75 : soixante-quinze
   3) 250 : deux cent cinquante 4) 1200 : mille deux cents
   5) 1380 : mille trois cent quatre-vingts
3. 1) Oui, je leur parle. 2) Oui, je leur téléphone.
   3) Oui, je lui demande son adresse. 4) Oui, je lui fais des cadeaux.
   5) Oui, ils lui posent des questions.
4. 1) Oui, j'en mange souvent. / Non, je n'en mange pas souvent.
   2) Oui, j'en ai [un / un peu / beaucoup]. / Non, je n'en ai pas.

3) Oui, elles en ont un. / Non, elles n'en ont pas.
4) Oui, il en a une. / Non, il n'en a pas.
5) Oui, il y en a dans le frigo. / Non, il n'y en a pas dans le frigo.

5. 1) Ça coûte combien, les bananes? / Combien coûtent les bananes?
Elles coûtent combien les bananes?
2) Est-ce que je peux payer par chèque?
3) Je fais les courses le dimanche [chaque dimanche / tous les dimanches].
4) Je suis désolé(e), mais je n'ai plus de baguette. / Désolé(e), il n'y a plus de baguette.
5) Il va (bientôt) rentrer chez lui.

Leçon 7

1. 1) attends 2) se voit 3) mangeons 4) te lèves 5) se réveille
2. 1) Arrête de chanter. 2) Ne finis pas tout de suite.
3) Donnez-moi ce livre. 4) Les enfants, réveillez-vous.
5) Ne faites pas d'erreurs.
3. 1) Il vient de sortir. 2) Nous venons d' acheter une nouvelle voiture.
3) Je vais aller regarder le film. 4) On ne va pas rester longtemps.
4. 1) tous 2) toute 3) toutes 4) Tout
5. 1) Quelle heure est-il?
2) Il est sept heures et demie (du matin). / Il est sept heures trente.
3) Tous les mercredis [Le mercredi / Chaque mercredi], je m'occupe des enfants.
4) Aujourd'hui, c'est [nous sommes] le jeudi cinq mai.
5) Si tu manges trop de bonbons, tu vas avoir mal aux dents.

Leçon 8

1. 1) connaît 2) dites 3) faut 4) voyez
2. 1) Je partirai dans une semaine.
2) On verra le résultat.
3) Il fera beau demain.

4) Quand tu seras grande, tu auras beaucoup d'occasions de rencontrer des amis.
5) Il faudra trouver une grande maison.

3. 1) Oui, j'y vais le samedi. 2) Oui, j'y vais en métro.
3) Oui, j'y habite. 4) Oui, j'y vais en avion.
5) Oui, j'y pense.

4. 1) Je n'aime pas voyager en avion.
2) Il habite en Corée depuis dix ans.
3) Je connais bien Paris.
4) Il faut vingt minutes pour y aller à pied. / Pour y aller à pied, il faut vingt minutes.
5) Le bureau est au premier étage.

Leçon 9

1. 1) convient 2) sert 3) attends 4) peux 5) plaît
2. 1) Il a réservé une chambre. 2) Vous avez pris un café.
3) Elle a parlé avec ses parents. 4) Nous n'avons pas visité la France.
5) Je ne lui ai pas dit non. 6) Tu n'as pas répondu.
3. 1) comme 2) En 3) de 4) d' 5) pour
4. 1) Cette chambre me convient. 2) Qu'est-ce que vous prenez comme dessert?
3) J'aime la viande bien cuite. 4) Qui a raison?
5) Il y a peu de clients.
6) Apportez-moi l'addition, s'il vous plaît. / L'addition, s'il vous plaît!

Leçon 10

1. 1) veut 2) fait 3) embrass 4) espère 5) ment
2. 1) sont rentrées 2) (J')ai passé 3) sont tombés 4) est partie 5) sont restées
3. 1) Oui, elle en joue de temps en temps. 2) Oui, elle en boit assez.
3) Oui, j'en viens. 4) Oui, ils en parlent souvent.
5) Oui, nous en sommes satisfaits.
4. 1) y 2) en 3) y 4) en 5) en

5. 1) Aujourd'hui, le train arrive en retard.
   2) Je ne veux pas du tout chanter.
   3) Sa fille n'a rien mangé.
   4) Je vous propose un rendez-vous lundi prochain à 14 heures [à 2 heures de l'après-midi].
   5) Elle n'est plus amoureuse de moi.

▸ 이용철
서울대학교 불어불문학과 (학사 / 석사) 서울대학교 문학 박사
현재 한국방송통신대학교 불어불문학과 교수

▸ 한선혜
서울대학교 불어불문학과 (학사 / 석사) 파리 7대학 언어학 박사
현재 경원대학교, 상명대학교 출강

▸ 선영아
서울대학교 불어불문학과 (학사 / 석사) ESIT-파리 3대학 번역학 박사
현재 한국방송통신대학교 불어불문학과 강의전담교수

▸ 송근영
서울대학교 불어불문학과 (학사 / 석사) 파리 13대학 언어학 박사
현재 서울대학교, 한국교원대학교 출강

프랑스어 아틀리에

지은이 / 이용철 · 한선혜 · 선영아 · 송근영 공저
발행인 / 차상면

초판1쇄발행 / 2011. 3. 5
등록번호 / 제2-1798호
등록된 곳 / 서울시 광진구 자양3동 510-5 이튼타워1차 A동 2302호
발행처 / 도서출판 만 남
전 화 (02) 3436-0746
FAX (02) 3436-0747

값 12.000
ISBN 978-89-5920-139-6
홈페이지 : www.mannam21.co.kr
E-mail : mannampub@hanmail.net